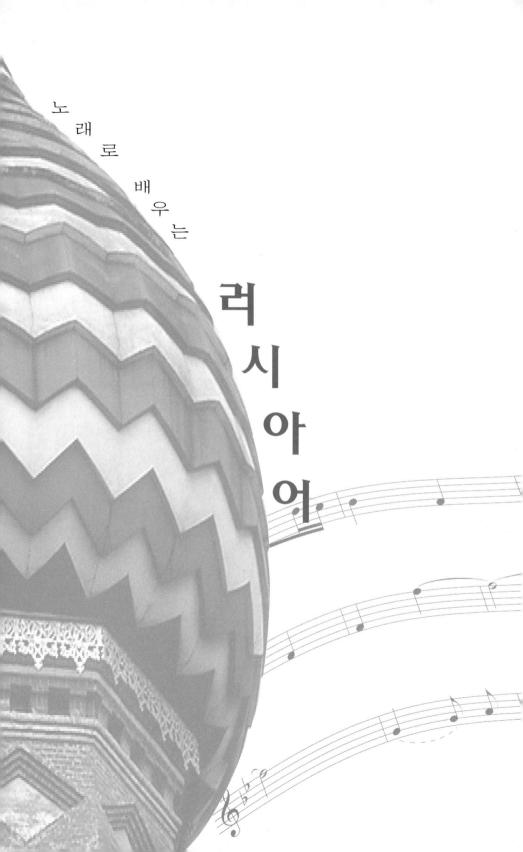

노 래 로 배 우 는

러
시
아
어

저/자/소/개

전 혜 진

한국외국어대학교 노어과와 통역번역 대학원 한노과를 졸업한 후, 동 대학교 일반 대학원에서 러시아언어학 박사과정을 수료하였고, 러시아 모스크바 국립대학에서 러시아언어학 박사학위를 받았다.

현재는 국제회의 동시 통역사, 번역가로 활동 중이며, 한국외국어대학교 통역번역대학원에서 통번역 강의를 하고 있다. 1999년부터 EBS 교육방송 라디어 러시아어 회화의 집필과 진행을 맡고 있으며, 러시아어 교육 방법론 연구 개발에 많은 관심을 기울이고 있다.

"러시아어 형용사의 의미합성 연구", "외국인을 위한 러시아어 능동문법 연구", "현대 러시아어 변화경향", 등 의미론, 조어론, 러시아어 교육학 관련 논문이 다수 있으며, 저서로는 10여권 이상의 EBS 라디오 러시아어 회화 교재가 있다.

노래로 배우는 러시아어

초판 3쇄 인쇄 2008년 8월 10일 / 초판 3쇄 발행 2008년 8월 15일 저자 전혜진 / 발행인 서덕일 / 발행처 도서출판 문예림 / 출판등록 1962년 7월 12일 제 2-110호 / 주소 : 서울 광진구 군자동 1-13호 문예하우스 101호 / 전화 : 02-499-1281~2 / 팩스 : 02-499-1283 / http://www.bookmoon.co.kr / E-mail : book1281@hanmail.net

· 잘못된 책은 구입하신 서점에서 교환하여 드립니다.

ISBN 89-7482-188 (03790)

안녕하세요? 전혜진입니다.

계절의 바뀜조차 느끼지 못할 정도로 지쳐있었던 때가 있었습니다.

세상살이가 힘겹고, 사람들 마음이 내 마음 같지 않아 외롭던 그때에 러시아 노래가 빛으로 다가왔습니다. 아꾸자바를 만났고, 브이소쯔끼도 만났습니다. 뿌가쵸바, 깜브로바, 빠노마료바, 게르만도 만났습니다. 그들이 러시아를 노래했고, 인생과 사랑을 노래했습니다. 그들의 노래 속에서 영혼의 목소리를 들을 수 있었습니다. 그리고 그들의 노래 속에서 러시아어가 살아 움직이기 시작했습니다. 독특한 빛깔의 러시아 멜로디 속에서…

때로는 밝고 경쾌하게 톡톡 튀어 입가에 저절로 미소가 떠오르게 하고, 때로는 가슴 저리는 슬픔과 오랫동안 마음을 짓누르는 그리움으로 오는 러시아 노랫말과 멜로디… 그 아름다움의 깊이와 넓이는 바다처럼, 하늘처럼 헤아릴 수 없을 정도입니다.

그러한 러시아 노래와 러시아어의 아름다움을 "노래로 배우는 러시아어"에 담아보고자 하였습니다. 러시아 민요, 영화음악, 대중가요와 로망스 등 러시아를 대표하는 주옥같은 노래들을 소개하고 있습니다. 노래로 러시아어를 배우면서, 즐겁고 재미있게 러시아어 어휘, 표현, 문법을 학습하도록 이 책을 구성하였습니다. 각 과의 「노랫말 익히기」「노랫말 한마디」「노랫말 표현 따라잡기」「문법 길잡이」코너는 노래 속에서 러시아어를 체계적으로 학습할 수 있는 기회를 제공해 줄 것입니다. 또한 「노래에 실린 문화 이야기」코너를 통해 한층 더 가깝게 러시아 문화를 느낄 수 있을 것입니다.

이 자리를 빌어, 좋은 책을 내도록 도움을 주신 문예림의 서덕일 사장님, 고수진 대리님과 CD제작을 담당한 아울로스 뮤직의 최정호 후배님께 진심으로 고마운 마음을 전합니다. 그리고 언제나 저를 굳건하게 지켜주는 사랑하는 가족, 선후배들과 함께 "노래로 배우는 러시아어" 출판의 기쁨을 나누고 싶습니다.

오늘은 문득 눈 내리는 모스크바 거리의 조그만 까페에서 러시아 노래에 취하고 싶습니다. 이 겨울, 여러분을 러시아 노래 세계로 초대합니다.

2002년 12월
전혜진

Contents

러시아어 자모 Алфавит

차례	활자체	필기체	명칭		영어의 유사음	발음	IPA
1	А а	*Аа*	а	아	"father"의 a	아	a
2	Б б	*Бб*	бэ	베	"book"의 b	ㅂ	b
3	В в	*Вв*	вэ	(붸)	"vote"의 v	(ㅂ)	v
4	Г г	*Гг*	гэ	게	"good"의 g	ㄱ	g
5	Д д	*Дд*	дэ	데	"day"의 d	ㄷ	d
6	Е е	*Ее*	е(йэ)	예	"yes"의 ye	예	je
7	Ё ё	*Ёё*	ё(йо)	요	"york"의 yo	요	jo
8	Ж ж	*Жж*	же	(제)	"pleasure"의 s	(ㅈ)	ʒ
9	З з	*Ззз*	зэ	제	"zone"의 z	ㅈ	z
10	И и	*Ии*	и	이	"meet"의 ee	이	i
11	Й й	*Йй*	и краткое 이 끄라뜨꼬예		"boy"의 y	(이)	(j)
12	К к	*Кк*	ка	까	"kind"의 k	ㄲ	k
13	Л л	*Лл*	эл	엘	"gold"의 l	(ㄹ)	l
14	М м	*Мм*	эм	엠	"man"의 m	ㅁ	m
15	Н н	*Нн*	эн	엔	"note"의 n	ㄴ	n
16	О о	*Оо*	о	오	"port"의 o	오	o

차례	활자체	필기체	명칭		영어의 유사음	발음	IPA
17	П п	_П п_	пэ	뻬	"pen"의 p	쁘	p
18	Р р	_Р р_	эр	에르	"radio"의 r	(ㄹ)	r
19	С с	_С с_	эс	에쓰	"speak"의 s	ㅆ	s
20	Т т	_Т т_	тэ	떼	"too"의 t	ㄸ	t
21	У у	_У у_	у	우	"book"의 oo	우	u
22	Ф ф	_Ф ф_	эф (에프)		"fire"의 f	(ㅍ)	f
23	Х х	_Х х_	ха	하		ㅎ	x
24	Ц ц	_Ц ц_	цэ	쩨	"quartz"의 tz	ㅉ	ts
25	Ч ч	_Ч ч_	че	체	"lunch"의 ch	치	tʃ
26	Ш ш	_Ш ш_	ша	(샤)	"shine"의 sh	(시)	ʃ
27	Щ щ	_Щ щ_	ща	시챠	"tovarish"의 sh	시치	ʃʲtʃʲ
28	Ъ ъ	_ъ_	твёрдый знак 뜨뵤르드이 즈나끄			–	
29	Ы ы	_ы_	ы	의	"it"의 i	의	ɨ
30	Ь ь	_ь_	мягкий знак 먀흐끼이 즈나끄			–	
31	Э э	_Э э_	э	에	"men"의 e	에	e
32	Ю ю	_Ю ю_	ю(йу) 유		"Yukon"의 yu	유	ju
33	Я я	_Я я_	я(йа) 야		"yard"의 ya	야	ja

러시아어 철자와 발음

1. 러시아어의 모음

러시아어의 모음을 표시하는 철자는 모두 10개이다. 그 중 경자음을 표시하는 철자 5개와 연자음을 표시하는 철자 5개가 있다.

1.1 앞에 오는 자음이 경자음임을 나타내는 경자음 표시 모음은 다음과 같다.

а	мать	어머니	парк	공원
э	это	이것은	экономика	경제
ы	сын	아들	сыр	치즈
о	дом	집	ось	축
у	ум	지혜	уксус	식초

1.2 앞에 오는 자음이 연자음임을 나타내는 연자음 표시 모음은 다음과 같다.

я	няня	유모	дядя	숙부
е	перо	펜	день	낮
и	книга	책	пить	마시다
ё	мёд	꿀	тётя	숙모
ю	ключ	열쇠	любить	사랑하다

2. 러시아어의 자음

러시아어의 자음은 모두 21개이다. 유성음과 무성음 그리고 소리 나는 위치에 따라 다음과 같이 분류할 수 있다.

| 유성 자음 | б в г - д з - ж - - л м н р й |
| 무성 자음 | п ф к х т с щ ш ч ц - - - - - |

2.1 두 입술소리 : 두 입술로 공기의 흐름을 막았다가 열면서 내는 소리

п	парк	공원	потом	다음에	папа	아빠
б	брат	형제	бабочка	나비	бабушка	할머니
м	мама	엄마	март	3월	Москва	모스크바

2.2 이-입술소리 : 아랫입술을 윗니에 대었다가 떨어뜨리면서 내는 소리

| в | вода | 물 | восток | 동쪽 | ваш | 당신의 |
| ф | факт | 사실 | файл | 파일 | флейта | 플룻 |

2.3 잇소리 : 혀끝을 윗니 안쪽에 대고 내는 소리

т	тост	건배	зонт	우산	тут	여기에
д	дача	별장	да	네	дом	집
с	сын	아들	сон	잠	Саша	사샤
з	золото	금	музей	박물관	знать	알다
н	нет	아니다	нос	코	луна	달
л	лиса	여우	лук	양파	Волга	볼가강

2.4 잇몸소리 : 혀끝을 윗 잇몸에 대고 내는 소리

р	рис	쌀	Россия	러시아	робот	로보트
ж	жена	아내	журнал	잡지	тоже	또한
ш	шарик	풍선	школа	학교	Наташа	나따샤
ц	центр	중심	цена	가격	станция	정거장

2.5 센 입천장 소리 : 혓몸 앞 부분을 센 입천장(경구개)에 대었다가 떼면서 내는 소리

ч	чай	차	час	시간	чёрный	검은
щ	щи	야채 수프	площадь	광장	щека	뺨
й	мой	나의	герой	영웅	май	5월

`2.5` 여린 입 천장 소리 : 혀의 뿌리 부분을 여린 입천장(연구개)에 대었다가 떼면서 내는 소리

к	кто	누가	кот	고양이	как	어떻게
г	газета	신문	город	도시	голос	목소리
х	хорошо	좋다	ухо	귀	холодно	춥다

3. 경음부호 ъ와 연음부호 ь

실제 음가를 갖지는 못하고, 발음시 다른 철자의 음가(경자음 또는 연자음)를 결정하는 보조 역할을 한다.

`3.1` 경음부호 ъ : 단어 중간에 위치하여 앞부분과 뒷부분의 경계 역할을 하며, 발음할 때 부호가 있는 앞부분과 뒷부분을 서로 떼어서 발음함으로써 연자음 표시 모음 앞에 있는 자음의 연음화를 막아준다.

съесть	다 먹다
отъезд	출발
объект	대상

`3.2` 연음부호 ь : 앞에 나오는 자음이 연자음 임을 나타낸다.

мать	어머니
дочь	딸
только	단지

러시아어 발음 규칙

1. 모음의 발음 규칙

1.1 강세가 있는 모음의 발음 : 러시아어의 모음은 강세를 가질 때만 제 음가를 그대로 나타낸다. 강세를 가진 모음은 강세가 없는 다른 모음 보다 상대적으로 더 길고 또렷하게 발음된다.

а	ча́сто	자주	луна́	달
о	о́сень	가을	перо́	펜
е	де́ло	일	день	낮
я	статья́	기사	моя́	나의(소유 대명사 여성형)
и	стои́т	서있다	мой	나의(소유대명사 복수형)
у	пу́сто	비어있다	иду́	가다 (현재 1인칭)

1.2 모음 약화

모음이 강세를 갖지 않을 때는 본래의 음가를 발휘하지 못하고 약화된다. 강세가 없는 모음은 강세를 가진 모음보다 더 짧고 약하게 발음된다.

1.2.1 모음 а, о의 약화

강세가 없는 а, о는 [ʌ] 또는 [ə]로 발음된다.
강세 앞의 음절, 또는 어두의 첫 음절에서는 [ʌ]로 발음된다.

сама́	자신
пальто́	외투
она́	그녀
окно́	창문
Москва́	모스크바

강세가 없는 기타 다른 음절에서는 [ə]로 발음된다.

молоко́	우유
опа́сно	위험하다
потому́	왜냐하면
па́па	아빠

1.2.3 모음 е, я의 약화

강세를 갖지 않는 е, я는 대부분 [ji]로 발음되고, 일부 어미에서는 [jə]로 발음되기도 한다.

весна́	봄
теа́тр	극장
язы́к	언어
яйцо́	계란
мо́ре	바다
зда́ние	건물
тётя	숙모
ба́шня	탑

1.2.3 모음 и, у의 약화

강세를 갖지 않는 и, у는 본래의 음가를 유지하면서 상대적으로 짧게 발음된다.

ба́бушка	할머니
кни́ги	책들

2. 자음의 발음 규칙

러시아어는 유 – 무성음 동화 현상을 일으키며, 항상 역행 동화한다.

2.1 유성음화 : 유성 자음 앞의 무성자음은 유성자음으로 동화된다.

также	또한
отдых	휴식
вас зовут	당신을 부르다

2.2 무성음화 : 무성자음 앞이나, 어말에 위치한 유성자음은 무성자음으로 동화된다.

автобус	버스
из сада	정원으로부터
под столом	책상 아래
водка	보드카
бабка	노파
год	일 년
зуб	이
юг	남쪽
глаз	눈

2.3 향음(л, м, н, р)은 다른 자음들에 어떤 영향도 미치지 않고 또 자신도 동화되지 않는다. 마찰음 в는 자신은 무성음화되지만, 다른 자음을 유성음화시키지 않는다.

1부

민요

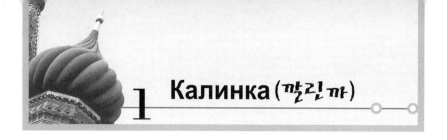

Калинка (깔린까)

Муз.: Р. Народная песня
Сл.: А. Мартынов
Исп.: А. Мартынов

Ка - лин - ка, ка - лин - ка, ка - лин - ка мо - я! В саду

я - го-да, ма - лин - ка, ма - лин - ка мо - я! Ка

Ах! Под сос - но - ю,

под зе - лё - но - ю, Спать по - ло - жи - те

вы ме - ня. Ай, люли, люли, ай,

люли, Спать по-ло - жи - те вы ме - ня! ка -

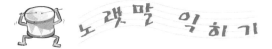

Кали́нка

Припев:

Кали́нка, кали́нка, кали́нка моя́!
В саду́ я́года, мали́нка, мали́нка, моя́!

Ах! Под сосно́ю, под зелёною,
Спать положи́те вы меня́.
Ай, лю́ли, лю́ли, ай, лю́ли,
Спать положи́те вы меня́.

Ах! Сосёнушка ты зелёная,
Не шуми́ же на́до мной!
Ай, лю́ли, лю́ли, ай, лю́ли,
Не шуми́ же на́до мной!

Ах! красави́ца, душа-деви́ца,
Полюби́ же ты меня́!
Ай, лю́ли, лю́ли, ай, лю́ли,
Полюби́ же ты меня́!

후렴 :

깔린까, 깔린까, 나의 깔린까!
정원에는 들딸기, 산딸기가 자라고 있네. 나의 산딸기!

아! 소나무 아래, 푸른 나무 아래에
잠들도록 나를 눕혀주오.
아! 좋구나, 좋아! 아! 좋구나!
잠들도록 눕혀주오. 나를!

아! 너 푸르른 소나무야!
내 머리 위에서 소리 내지마라!
아! 좋구나, 좋아! 아! 좋구나!
내 머리 위에서 소리 내지 마라!

아! 아름다운 여인이여! 순수한 영혼이여!
나를 사랑해주오!
아! 좋구나, 좋아! 아! 좋구나!
나를 사랑해주오!

노랫말 한마디

- 칼린카 (калинка)   까마귀밥 나무 열매
- 야고다 (ягода)   들딸기
- 말린카 (малинка)   산딸기
- ах!   (감탄사) 아!
- под   (＋조격)～아래에
- сосна   소나무
- зелёный   녹색의
- спать   (불완료상)자다
- положить   놓다
- ай   (감탄사)아!, 아야!
- люли   (민요에서) 좋다
- сосёнушка   소나무(сосна)의 지대형
- шуметь   (불완료상)소음을 내다
- над(о)   (＋조격)위에서
- красавица   미인
- душа   영혼
- девица   처녀
- полюбить   (완료상 동사) 사랑하다

- **под сосною, под зелёною** : 소나무 아래에, 푸른 나무 아래에. 시어나 노래에서는 여성명사 조격어미 **-ой** 대신 **-ою**가 자주 사용된다.

- **спать положите вы меня** : вы(주어)＋положите(술어)＋меня(목적어)＋спать의 어순이 도치된 것임. 여기서 спать는 동사원형으로 표현되어 목적을 나타낸다.

- **ай, люли, люли** : '아! 좋구나!'를 의미하며, 주로 민요 후렴구에 자주 등장한다.

- **не шуми** : шуми는 шуметь의 명령형. 부정명령에서는 불완료상 동사를 사용한다.

- **же** : 소사로써 중요한 단어를 강조하기 위해 사용된다. 지시 대명사나 부사와 함께 사용되어 '정말로, 바로'의 의미를 갖는다.

- **душа-девица** : душа(영혼)와 девица(처녀)를 합성어로 만들어 '순수한 영혼'을 의미한다.

- **полюби же ты меня** : 나를 사랑해 주오! полюбить의 명령형. 명령문에서 주어는 생략되는 것이 일반적이지만, 주체의 강조를 위해 주어를 명시하였다. 또한 강조 뉘앙스를 더 강하게 나타내기 위해, 소사 же를 사용하였다.

Румянцевский музей

1. 소유대명사

소유대명사는 수식하는 명사의 성과 수에 일치한다.

단, 3인칭 소유대명사 его(그의), её(그녀의), их(그들의)는 예외이다 :
его дом(그의 집), его книга(그의 책), его письмо(그의 편지),
его друзья(그의 친구들).

남성단수	мой(나의) наш(우리의)	твой(너의) ваш(당신의)	дом(집) карандаш(연필)
여성단수	моя наша	твоя ваша	книга(책) машина(차)
중성단수	моё наше	твоё ваше	письмо(편지) перо(펜)
복 수	мои наши	твои ваши	друзья(친구들) деньги(돈)

2. 명령형 만들기

동사의 3인칭 복수형에서 동사어미를 떼내고, 동사어간이 자음으로
끝나면 -и(те)를 붙이고, 모음으로 끝나면 -й(те)를 붙인다.

동사어간이 자음으로 끝난 경우	говорить:говор-ят --Говори(말해라) Говорите(말하십시요)
동사어간이 모음으로 끝난 경우	читать:чита-ют--Читай(읽어라) Читайте(읽으십시요)

3. 특수 전치격

일반적인 전치격 어미 형태는 -е이다.
예 в Сеуле(서울에서) в деревне(시골에서)

그런데 일부 단음절어는 특수 전치격 어미 -у(-ю)를 갖는다.

📇 в саду(정원에서)   в лесу(숲에서)
в краю(변방에서)   в углу(골목에서)

4. 부정 명령문

"~하지마라"의 부정명령을 표현할 때는 불완료상 동사를 사용한다.

📇 Не шуми.   소리내지 마라.
Не говорите.   말하지 마세요.
Не курите.   담배피지 마세요.

노래에 실린 문화 이야기

······ 러시아 민요에 대하여 ······

러시아 민요란 결혼과 장례, 징병과 같은 가족 행사 및 농경과 관련된 연중행사 때 부르는 노래이다. 러시아 민요의 전수 주인공은 주로 농민이고, 마부, 사공, 병사들도 러시아 민요의 전통을 이어갔다. 마부의 민요 "끝없는 황야", 사공의 민요 "볼가강의 뱃노래", 병사의 민요 "검은 까마귀", 죄수의 민요 "성스러운 바이칼" 등이 있다.

농민 민요는 사랑, 가정생활 등의 서정적인 주제를 다루거나 풍자적이고, 해학적인 성격을 띤다. 율동 없이 부르기도 하고 무용과 놀이를 곁들여 부르기도 한다.

우리에게 잘 알려진 "검은 눈동자"는 러시아 집시의 민요이다. 혁명후 대중가요였던 "까츄샤"(대중작곡가 브란쩨르가 작곡)는 거의 민요로 자리매김을 하고 있다.

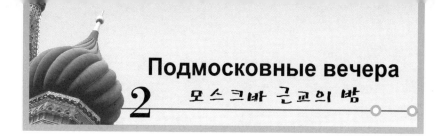

Подмосковные вечера

Муз.: В. Соловьев-Седой
Сл.: М. Матусовский
Исп.: Трошин

Не слыш-ны в са-ду да - же шо - ро - хи,

Всё здесь за - мер - ло до ут - ра. Ес - ли

б зна - ли вы, как мне до - ро - ги Под - мос

ков - ны-е ве - че - ра. Ес - ли б

зна - ли вы, как мне до - ро - ги Под - мос -

ков - ны-е ве - че - ра.

Подмосковные вечера

Не слышны́ в саду́ да́же шо́рохи,
Всё здесь замерло́ до утра́.
Е́сли б зна́ли вы, как мне до́роги
Подмоско́вные вечера́.

Ре́чка дви́жется и не дви́жется,
Вся из лу́нного серебра́.
Пе́сня слы́шится и не слы́шится
В э́ти ти́хие вечера́.

Что ж ты, ми́лая, смо́тришь и́скоса,
Ни́зко го́лову наклоня́?
Тру́дно вы́сказать и не вы́сказать
Всё, что на́ сердце у меня́.

А рассве́т уже́ всё заме́тнее...
Так, пожа́луйста, будь добра́,
Не забу́дь и ты э́ти ле́тние
Подмоско́вные вечера́!

정원에는 나뭇잎의 사각거리는 소리조차 들리지않고,
여기 모든 것이 아침까지 멈춘 듯 하구나.
모스크바 근교의 밤이 내게 얼마나 소중한지
당신이 알아준다면...

강물이 흐르는 듯, 흐르지 않는 듯...
온 강물이 은색 달빛으로 덮힌 듯 하구나.
노랫소리는 들리는 듯, 들리지 않는 듯
이 고요한 밤에...

사랑하는 사람아! 그대는 무엇을 바라보고 있니?
고개를 숙이고서.
이야기하기도, 이야기하지 않기도 어렵구나,
내 마음 속에 있는 모든 것을.

새벽이 이제 다가오니...
그럼, 제발, 부디,
그대도 잊지말기를.
이 여름날의 모스크바 근교의 밤을!

노랫말 한마디

- слышный   들리는
- даже   ~조차도
- шорох   사각거리는 소리
- замереть   (완료상) 멎다, 움직이지 않다
- дорогой   소중한
- подмосковный   모스크바 근교의
- речка   작은 강 (река의 지소형)
- двигаться   (불완료상) 움직이다
- лунный   달의
- серебро   은
- слышаться   (불완료상) 들리다
- тихий   고요한
- искоса   곁눈질로
- наклонять   (불완료상) 아래로 기울이다
- высказать   (완료상) 말하다
- рассвет   새벽
- заметный   눈에 띄는
- летний   여름의

- **не слышны даже шорохи** : 형용사 слышный의 단어미 복수형
  이다. шорохи(사각거리는 소리)가 복수이므로, 복수형 слышны가 사
  용됨. 주어가 남성 명사일 경우, 단어미 남성형 слышен이 사용된다
  (слышен твой голос 너의 목소리가 들린다). 주어가 여성명사일 경
  우, 단어미 여성형 слышна를 사용하고(слышна песня 노래가 들린
  다), 중성명사이면, 중성형 слышно를 쓴다(что слышно? 뭐가 들리
  지?).

- **даже шорохи** : '~조차도'의 뜻을 갖는 소사 даже는 수식하는 말
  앞에 온다.

- **замерло** : замереть(멎다)의 과거 중성형. 동사과거형에서 동사 접
  미사 -е-는 탈락된다. 과거 남성형은 замер, 여성형은 замерла, 중
  성형은 замерло, 복수형은 замерли이다.

- **до утра** : 아침까지. 전치사 до는 명사생격 형태와 결합하여, ~(시점)
  까지의 의미를 갖는다.

- **если б знали вы** : 당신이 알았더라면, '만일 ~이라면'의 가정법의
  표현이다.

- **как мне дороги подмосковные вечера** : 모스크바 근교의 밤
  이 얼마나 소중한지. дорогой의 단어미 형태는 дорог, дорога,
  дорого, дороги이다.

- **вся из лунного серебра** : 모든 강물이 은색 달빛으로 덮힌 듯 하
  구나! 이때 전치사 из는 дом из кирпича(벽돌로 만든 집)의 표현에서
  처럼 '재료'를 의미한다.

- **песня слышится** : 노래가 들려오다. слышаться의 3인칭 단수형,
  무인칭 동사이다.

- **в эти тихие вечера** : 이 고요한 밤에. 'в+대격'은 시간의 의미
  (때)를 나타낸다. вечер는 복수어미로 -а를 갖는다.

- **смотришь искоса** : 곁눈질하여 보다.
- **низко голову наклоня** : 고개를 낮게 숙이고서. наклоня는 наклонять의 부동사 현재형으로, 동시에 일어난 행위를 의미한다.
- **трудно высказать и не высказать** : 이야기하기도, 이야기하지 않기도 어렵다. 술어 부사 трудно(어렵다) 다음에는 동사원형이 온다.
- **на сердце** : 마음 속에
- **рассвет уже всё заметнее** : 새벽이 점점 더 다가온다. заметнее 는 заметный(눈에 띄는)의 비교급이다. всё는 비교급을 강조하는 표현.
- **будь добра** : будь는 быть의 명령형.
- **забудь** : забыть의 명령형.

Новодевичий монастырь

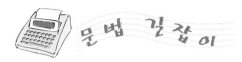

1. 가정법 если бы…, (то) бы…

러시아어 가정법은 접속사 **если бы**를 사용하여 표현한다. **если
бы** 다음에는 현재시제, 과거 시제가 올 수 있으나, 주절에서는 과거시
제만이 **бы**와 함께 사용된다.

> Если бы у меня деньги, я тебе дал бы.
>
> (내가 만일 돈이 있었더라면, 네게 주었을텐데)
>
> Если бы не шли дожди, мы погуляли бы.
>
> (비가 안왔더라면, 우리는 산책을 갔을텐데)

2. 명령형 어미 −ь

강세가 동사 어간에 있고, 동사 어간이 자음으로 끝나는 경우에는
명령형 어미 −ь을 붙인다.

> быть(~이다) – будь
>
> забыть(잊다) – забу́дь
>
> одеть(입히다) – оде́нь
>
> встать(일어나다) – встань

3. 복수 주격 어미 −а́(я)

남성명사의 복수 주격 어미는 −ы(и)이다.

일부 남성명사들은 복수 주격 어미로 −а́(я)를 갖는다.

> дом(집) – дома́
>
> вечер(저녁) – вечера́
>
> доктор(박사) – доктора́
>
> директор(이사) – директора́
>
> учитель(선생님) – учителя́

······ 모스크바 ······

Юрий Долго-
рукий가 모스크바
를 건립한 후 500
여년 역사를 자랑하
는 모스크바는 수목
의 연륜처럼 환상형
의 시가지이다.

　모스크바 시의 핵
은 끄레믈이다. 끄
레믈은 모스크바
시의 발상지이자 요새로서, 시의 중심이자 러시아 역사의 구심점이었다.

　오늘날에는 주위에 붉은 벽돌 성벽이 쌓여지고, 그위에 20개의 탑이 서
있다. 성벽안에 대 끄레믈 궁전(15~16세기 건축)을 비롯하여 우스뺀스끼
성당(15세기), 블라고베첸스끼대성당(15세기), 아르한겔스끼 성당(16세기)
등 역사적 건축물에서 현대 건축물에 이르기까지 다양한 건축물이 있다.

　끄레믈 동쪽 성벽 앞에 붉은 광장이 있어 주요 국가행사의 식장으로 사
용된다. 특히 붉은 광장에 자리잡은 무명용사의 묘에는 영원히 꺼지지않는
불꽃이 타오르고 있다. 러시아의 신랑, 신부는 결혼식이 끝난 후 이곳을
방문하는 풍습이 있다. 광장 남단에 성바실리 대성당, 북단에 역사 박물
관, 동쪽에 국영백화점이 있고, 끄레믈 성벽 쪽에 레닌묘가 있다.

Очи чёрные
(검은 눈동자)

3

Муз.: Неизвестный автор
Сл.: Е. Гребёнка
Исп.: В. Девятов

О - чи чёр - ны - е, о - чи страст - ны - е, О - чи

жгу - чи - е и пре - крас - ны - е! Как люб -

лю я вас! Как бо - юсь я вас! Знать, у

ви - дел вас Я в не - доб - рый час!

Óчи чёрные

Óчи чёрные, óчи стрáстные,
Óчи жгýчие и прекрáсные,
Как люблю́ я вас,
Как бою́сь я вас,
Знать, уви́дел вас
Я в недóбрый час.

Ох, недáром вы глубины́ темнéй,
Ви́жу трáур в вас по душé моéй,
Ви́жу плáмя в вас я побéдное,
сожженó на нём сéрдце бéдное.

Очи чёрные, жгýчие, плáменны!
И маня́т они́ в стрáны дáльние,
Где цари́т любóвь, где цари́т покóй,
Где страдáнья нет, где вражды́ запрéт!

Не страдáл бы так, не встречáл бы вас.
Я бы прóжил жизнь припевáючи,
Вы сгуби́ли меня́, óчи чёрные.
Унесли́ навéк моё счáстье.

Но не грýстен я, не печáлен я,
Утеши́тельна мне судьбá моя́,

Всё, что лу́чшего в жи́зни бог дал нам,
В же́ртву о́тдал я огневы́м глаза́м.

당신의 검은 눈동자, 열정에 찬 눈동자.
불타는 듯한 아름다운 눈동자.
내가 얼마나 당신을 사랑하는지,
내가 얼마나 당신을 경외하는지,
불행한 순간에 나는 당신을 만났소.

오! 당신의 깊은 어두움은 까닭이 있으니…
나는 당신 안의 슬픔을 내 영혼으로 보았소.
나는 당신 안의 고통스러운 불꽃을 보았소.
그 불길에 가련한 내 마음이 모두 타버렸소.

활활 타오르는 검은 눈동자여!
머나먼 세상으로 나를 손짓하여 부르니,
그곳에는 사랑과 평온이 가득하고,
고통도 미움도 없다오.

당신을 만나지 않았더라면, 이렇게 괴롭지 않을 것을,
인생을 노래하며 지낼 수 있었을 텐데…
검은 눈동자의 당신이 나를 파멸시켰다오.
당신이 나의 행복을 영원히 앗아갔다오.

그러나 나는 우울하지 않소, 나는 슬프지 않소.
나의 운명이 내게 위안이 되니,
신이 우리에게 주신 이 세상에서 가장 좋은 모든 것을,
당신에게 바쳤으니, 불타는 눈동자를 위해.

очи	(고어, 시어) 눈동자 (око의 복수)
страстный	열정적인
жгучий	타는 듯한
прекрасный	매우 아름다운
бояться	(불완료상) 두려워하다
недобрый	좋지않은
недаром	까닭이 있어
глубина	깊이
тёмный	어두운
траур	상
душа	영혼
пламя	불꽃
победный	1.승리의 2. (민요에서) 고난에 가득찬, 불행한
сжечь	(완료상) (сожгу, сожжешь:сожгут) 태우다
бедный	가난한
сердце	심장
пламенный	활활 타는
манить	(불완료상) 손짓하여 부르다
страна	나라
дальний	민
царить	(불완료상) 다스리다
любовь	사랑
покой	평온
страданье	고통
вражда	미움
запрет	금지
страдать	(불완료상) 고통받다
встречать	(불완료상) 만나다

⊙ прожить	(완료상)(일정기간) 살다
⊙ жизнь	인생
⊙ припеваючи	노래 부르며
⊙ сгубить	(완료상) 파멸시키다
⊙ унести	(완료상) 빼앗아 가다
⊙ навек	영원히
⊙ счастье	행복
⊙ грустный	침울한
⊙ печальный	슬픈
⊙ утешительный	위안을 주는
⊙ судьба	운명
⊙ лучший	가장 좋은(хороший의 최상급)
⊙ бог	신
⊙ жертва	희생물
⊙ отдать	(완료상) 돌려주다, 바치다
⊙ огневой	불의, 타는 듯한
⊙ глаза	눈(глаз의 복수)

Старое здание МГУ

- **очи чёрные** : 검은 눈동자. очи는 глаза의 고어로 시에서 주로 사용된다. 여기서 '검은'을 강조하기 위하여 도치된 어순임.
- **как люблю я вас** : 얼마나 당신을 사랑하는 지.
- **как боюсь я вас** : 얼마나 당신을 두려워하는 지.
- **по душе моей** : 내 영혼으로.
- **сожжено** : 불에 태워진. сжечь(태우다)의 피동형동사 сожженный의 단어미 중성형
- **пламенны** : 형용사 пламенный(활활 타오르는)의 단어미 복수형.
- **манят они в страны дальние** : 머나먼 세상으로 손짓하여 부른다. манить는 방향을 나타내는 표현(в＋대격)과 결합한다.
- **страданья нет** : 고통이 없다. нет는 부정생격 страданья와 결합한다.
- **не страдал бы так, не встречал бы вас** : 당신을 만나지 않았다면, 이렇게 괴롭지 않을 것을. 과거시제＋бы는 가정의 표현을 나타낸다.
- **я бы прожил жизнь припеваючи** : 인생을 노래부르며 살았을 것을. 과거시제＋бы의 가정의 표현.
- **вы сгубили меня** : 당신은 나를 파멸 시켰다. 완료상 동사 과거 сгубили는 행위의 결과를 나타낸다.
- **унесли навек моё счастье** : 나의 행복을 영원히 앗아갔다. 완료상 동사 과거 унесли는 행위의 결과를 의미한다.
- **утешительна мне судьба моя** : 내게 내 운명이 위안이 된다. утешительный의 형용사 단어미 남성형은 утешителен, 여성형은 утешительна, 중성형은 утешительно, 복수형은 утешительны이다.
- **всё, что** : 선행사가 всё일 경우 관계대명사는 что가 온다. 여기서는 отдал의 직접목적어이다.

- **в жертву отдал я огневым глазам** : 불타는 눈동자에 바쳤으니.
отдать что кому (чему) в жертву는 '~에게 ~를 헌납하다'의 표
현이다.

1. 형용사 단어미의 의미와 기능에 대해

러시아어의 형용사는 단어미형과 장어미형을 갖는다. 성질형용사는
장어미형(**интересный** рассказ)과 단어미형(рассказ **интересен**)
을 모두 갖는다. 관계형용사는 장어미형으로만 사용된다(студенче-
ский клуб).

장어미형은 문장에서 한정어의 기능을 수행하며, 명사의 성, 수, 격에
따라 일치해야 한다(Он прочитал интересную книгу).

단어미형은 문장에서 술어 기능을 수행하며, 격변화하지 않고, 명사
의 성, 수에 일치한다. 현재 시제에서 연결사 **быть**는 보통 생략되고,
과거시제에서는 **был, была, было, были**가 사용된다(Он был
печален. / Она была печальна./Они были печальны.).미래
시제에서는 **быть**의 3인칭 단, 복수 **будет, будут**가 사용된다
(Рассказ будет интересен. 이야기가 재미있을 것이다.
/Сообщения будут интересны. 소식이 흥미로울 것이다.).

2. 소사 бы에 대하여

동사의 과거형과 함께 사용되어 가정, 조건, 희망, 예상 등을 나타낸다.

📻 Не страдал бы так : 이렇게 괴롭지 않았을 것을.

Я хотел бы рассказать об этом:이것에 대해 이야기하고 싶다.

··· 블라지미르 데뱌또프 Владимир Девятов에 대하여 ···

데뱌또프 앞에는 "시적인 러시아의 자연과 영혼의 목소리를 가진 테너가수", "러시아 민요와 로망스의 재해석자"라는 수식어가 붙는다. 그의 성공과 명성은 비교적 일찍 찾아왔다. 대학 2학년 때 "러시아 선율"이라는 러시아 전통 기악 앙상블을 결성하였으며, 성악가로서 음악 콩쿠르에서 수차례 수상의 영예를 안음으로써, 화려한 경력을 자랑하고 있다. 특히 1995년 이탈리아의 산마리노 국제 아카데미에서 명예예술박사의 명칭을 받고, 같은 해 러시아 연방 공훈예술가의 칭호를 얻게 되어 명실상부한 러시아 전통음악계의 대표주자가 되었다.

그는 러시아 전역과 해외의 권위 있는 무대에서 러시아 민요와 로망스를 불러 수많은 청중들의 마음을 사로잡았다. 1995년~1996년 사이에 데뱌또프는 러시아 민요와 로망스를 자신의 고유한 창법으로 뛰어나게 소화해냈다는 평가를 받으며 사실상 최고의 인기를 구가했다. 그러나 그는 그것에 만족하지 않고, 1997년 두 장의 음반을 출시하면서 새로운 모색의 길에 들어선다. 하나의 음반은 순수 고전성을 살려 전통적인 기법으로 노래를 불렀다. 또 다른 음반은 러시아 민요와 로망스를 새롭게 편곡해서 불러 변신을 꾀하였다. 현대적인 녹음 방식과 팝송 풍의 기교로 보다 대중적인 접근을 시도하였다. 이러한 그의 시도로 그의 음악세계는 보다 창작성을 띠게 되었고, 옛 음악에 대한 향수를 불러 일으켰으며, 폭 넓은 청취자 층을 확보하게 되었다. 또한 그는 오페라 무대에 선 아마도 전세계적으로 유일한 민요가수일 것이다. 1998년 "보리스 고두노프"의 무대에 섰고, 1999년 "데몬", 2002년 3월엔 처음으로 이탈리아 오페라 무대에서 독창을 하기도 하였다.

그의 성공은 러시아 민요와 로망스에 대한 애정과 새로운 시도의 결실이다. 1955년 생인 데뱌또프의 음악 여정은 21세기에 새로운 도약기를 맞을 것이다.

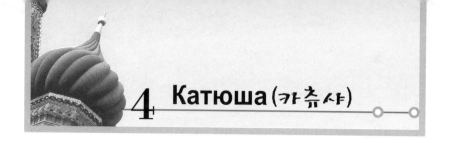

4. Катюша (카츄샤)

Муз.: М. Блантер
Сл.: М. Исаковский
Исп.: Т. Синявская

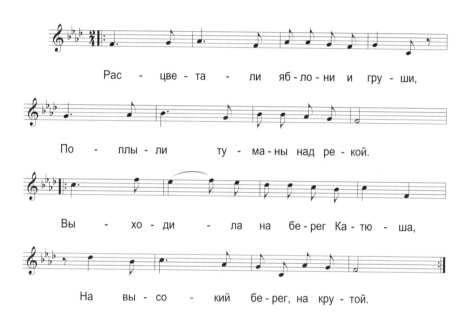

Рас - цве - та - ли яб - ло - ни и гру - ши,

По - плы - ли ту - ма - ны над ре - кой.

Вы - хо - ди - ла на бе - рег Ка - тю - ша,

На вы - со - кий бе - рег, на кру - той.

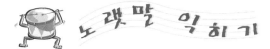

Катюша

Расцвета́ли я́блони и гру́ши,
Поплыли́ тума́ны над реко́й.
Выходи́ла на́ берег Катю́ша,
На высо́кий бе́рег, на круто́й.

Выходи́ла, пе́сню заводи́ла
Про степно́го си́зого орла́,
Про того́, кото́рого люби́ла,
Про того́, чьи пи́сьма берегла́.

Ой ты, пе́сня, пе́сенка деви́чья,
Ты лети́ за я́сным со́лнцем вслед,
И бойцу́ на да́льнем пограни́чье
От Катю́ши переда́й приве́т.

Пусть он вспо́мнит де́вушку просту́ю,
Пусть услы́шит, как она́ поёт,
Пусть он зе́млю бережёт родну́ю,
А любо́вь Катю́ша сбережёт.

Расцвета́ли я́блони и гру́ши,
Поплыли́ тума́ны над реко́й.
Выходи́ла на́ берег Катю́ша,
На высо́кий бе́рег, на круто́й.

능금꽃 배꽃 활짝 피고
강 위엔 물안개 서리어라.
까츄샤는 나왔더라 강기슭으로.
그 높고 험한 강기슭으로.

나와 서서 부르는 노래
풀밭에 사는 재빛 독수리의 노래,
그 사랑하는 사람의 노래,
가슴에 안은 편지 임자의 노래.

오 너 노래야, 처녀의 노래야,
밝은 해를 따라 날아가라.
먼 국경의 병사 하나에게
까츄샤의 인사를 전해다고.

그이가 수수한 이 처녀를 생각케 하라,
이 처녀의 노래를 듣게 하라,
그가 조국의 땅을 지키게 하라,
그리고 까츄샤의 사랑도 지니게 하라.

능금꽃 배꽃 활짝 피고
강 위엔 물안개 서리어라.
까츄샤는 나왔더라 강기슭으로.
그 높고 험한 강기슭으로.

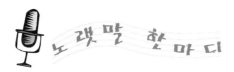

○ расцветать	(불완료상) 활짝 피다
○ яблоня	능금나무
○ груша	배나무
○ поплыть	(완료상) 헤엄치기 시작하다
○ туман	안개
○ выходить	(불완료상) 나가다
○ берег	강가
○ высокий	높은
○ крутой	험한
○ песня	노래
○ заводить	(불완료상) 일을 하기 시작하다
○ про	(+대격) ~에 대하여
○ степной	초원의
○ сизый	회청색의
○ орёл	독수리
○ чей	(물주 대명사) 누구의
○ беречь / сберечь	돌보다, 지키다
○ песенка	(구어) песня의 애칭
○ девичий	처녀의
○ лететь	(불완료상) 날다
○ за	(+조격) ~를 따라서
○ ясный	선명한
○ солнце	태양
○ вслед	뒤따라
○ боец	전사
○ дальний	먼
○ пограничье	국경지대

⊙ от	(+생격) ~로 부터
⊙ передать	(완료상) 전달하다
⊙ привет	안부
⊙ пусть	(3인칭 명령에서) ~하게 하라
⊙ вспомнить	(완료상) 기억하다
⊙ простой	단순한
⊙ услышать	(완료상) 듣다
⊙ петь	(불완료상) (пою, поёшь : поют) 노래 부르다
⊙ земля	땅
⊙ родной	고향의
⊙ любовь	사랑

- **поплыли туманы над рекой** : 강위로 안개가 서리다

- **выходила на берег** : 강가로 나갔다. 동작동사 다음에 방향을 나타 내는 표현 'в, на＋대격'이 나온다.

- **песню заводила** : 노래를 부르기 시작하였다.

- **про степного сизого орла** : 초원의 회색빛 독수리에 대하여. 'про＋대격'은 '～에 대하여'를 의미한다. **орёл**은 격변화할 때 ё가 탈락된다(출몰모음).

- **про того, которого любила** : 사랑한 사람에 대하여. **тот, который** ～관계 대명사절. **тот**는 전치사 **про**의 지배를 받아 대격 **того**가 되었고, **который**는 동사 **любила**의 목적어이므로 **которого**가 되었다.

- **чьи письма** : 누구의 편지. 물주 대명사는 남성(**чей дом**), 여성(**чья книга**), 중성(**чьё перо**), 복수(**чьи письма**)에 따라 사용된다.

- **берегла** : **беречь**의 과거 여성형. 과거 남성형은 **берег**, 과거중성형은 **берегло**, 과거 복수형은 **берегли**이다.

- **ты лети за ясным солнцем вслед** : 밝은 태양을 따라 날아가라. **ты**는 **песня**(노래)를 지칭.

- **на дальнем пограничье** : 머나먼 국경에서

- **от Катюши передай привет** : 명령문. **передать привет от кого**는 '～로부터 안부를 전하다'라는 표현.

- **пусть он вспомнит девушку простую** : 수수한 처녀를 기억하게 하라. 3인칭 명령은 **пусть**를 사용하여 나타낸다.

- **пусть услышит, как она поёт** : 그녀가 부르는 노래를 듣게 하라. 3인칭 명령문.

- **пусть он землю бережёт родную** : 그가 조국의 땅을 지키게 하라. 3인칭 명령문. **родной**는 '육친의, 고향의, 태생의' 뜻을 갖는다 ; **родной брат**(친형제), **родная страна**(고국), **родное место**(고

향), **родной язык**(모국어).

• **любовь сбережёт** : 사랑을 지키게 하라. 완료상 동사 **сберечь**의
3인칭 단수 미래시제.

1. 3인칭 명령

3인칭 명령은 3인칭 동사 현재, 미래시제와 **пусть**를 사용하여 표현
한다.

> 그를 내일 오게 하라.
>
> Пусть он придёт завтра.
>
> 그녀가 원하는대로 하게 둬라.
>
> Пусть она делает, что хочет.
>
> 그들을 집에 돌아가게 하라.
>
> Пусть они вернутся домой.

2. 동작동사 + 방향의 표현

동작동사	방향의 표현	예문
ходить / идти(걸어서 가다)	в школу	Он ходит в школу. (그는 학교를 다닌다)
	на концерт	Мы идём на концерт. (우리는 음악회에 간다)
выходить / выйти(나가다)	на работу	Она выходит на рабо-ту в 8 часов. (그녀는 직장에 8시에 나간다)

	на дорогу	Вчера вечером он вы-шел на дорогу. (어제 저녁에 그는 거리에 나갔다)
ездить / ехать(타고 가다)	в центр на стадион	Куда вы едете? (어디 가십니까?) Я еду в центр. (시내에 갑니다)

부정태 동사(ходить, выходить, ездить)는 왕복, 반복의 동작을 나타내며, 정태동사(идти, выйти, ехать)는 일정한 방향을 갖는 동작을 나타낸다. 동작동사는 전치사 в, на 다음에 대격을 사용한 방향의 표현과 결합한다. 명사중 концерт, почта, дорога, стадион, работа 등은 전치사 на와 결합한다.

3. 지각 동사 + 관계 대명사 (как)

지각동사 смотреть, слушать, видеть는 '~하는 장면을, ~하는 것을' 나타내는 관계 대명사절 как ~절과 결합한다.

Я видел, как он упал.(나는 그가 넘어지는 것을 보았다)

Он смотрит, как дети играют.(그는 아이들이 노는 것을 바라보고 있다)

Мы слушаем, как птицы поют.(우리는 새들이 노래하는 것을 듣고 있다)

4. 접두사 + дать

접두사 + 동사			예문
дать		주다	Я дам вам деньги. (내가 당신에게 돈을 주겠습니다)
вы-	выдать	발급하다	Посольство вам визу через месяц. (대사관은 한 달 후에 비자를 발급해줄 것입니다)

пере-	передать	전해주다	Передайте мой привет вашей семье. (당신 가족에게 안부를 전해주십시요)
от-	отдать	돌려주다	Мы отдадим вам ваш каталог завтра. (내일 당신의 카탈로그를 돌려주겠습니다)
с-	сдать	맡기다, 시험에 통과하다	Сдайте ваш багаж в камеру хранения. (당신 짐을 보관소에 맡기십시요) Он сдал экзамен по русскому языку. (그는 러시아어 시험을 통과하였다)
про-	продать	팔다	Наша фирма продаёт компьютер по низким ценам. (우리 회사는 저렴한 가격으로 컴퓨터를 판매한다)
из-	издать	발행하다	Когда издадут очередной том энциклопедии? (백과사전 다음 호가 언제 나오나요?)

Здание Моссовета

····· "까츄샤"에 대하여 ·····

우리에게 친숙한 "까츄샤"는 사실 민요라기 보다는 대중가요 장르에 가깝다.

이 노래는 제 2차 세계대전을 배경으로 한 전쟁 서정시에 해당된다. 전선에 가있는 연인을 그리는 처녀 까츄샤의 마음이 자연이라는 대상과 어우러져 있으면서도 전선에서 연인이 조국을 지켜야한다는 시행을 장치함으로써 전쟁시가 갖는 소기의 목적을 동시에 이루고 있다.

Выхожу один я на дорогу
나 홀로 길을 걷네

5

Муз.: Е. Шашина
Сл.: М. Лермонтов
Исп.: В. Девятов

Вы-хо - жу   о-дин я на до - ро - гу.   Сквозь ту ман крем-нис-тый путь блес

тит.   Ночь ти - ха.   Пу-сты-ня внем-лет Бо - гу, И звез-да с звез-

до-ю го - во - рит.   И звез-да   с звез до-ю го - во - рит.

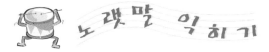

Выхожу́ оди́н я на доро́гу

Выхожу́ оди́н я на доро́гу.
Сквозь тума́н кремни́стый путь блести́т.
Ночь тиха́. Пусты́ня вне́млет бо́гу.
И звезда́ с звездо́ю говори́т.

В небеса́х торже́ственно и чу́дно!
Спит земля́ в сия́нье и голубо́м...
Что же мне так бо́льно и так тру́дно?
Жду ль чего́? Жале́ю ли о чём?

Уж не жду от жи́зни ничего́ я,
И не жаль мне про́шлого ничу́ть.
Я ищу́ свобо́ды и поко́я!
Я б хоте́л забы́ться и засну́ть!
Я б хоте́л забы́ться и засну́ть!

Но не тем холо́дным сном моги́лы.
Я б жела́л наве́ки так засну́ть,
Чтоб в гру́ди дрема́ли жи́зни си́лы.
Чтоб, ды́ша, вздыма́лась ти́хо грудь.
Чтоб, ды́ша, вздыма́лась ти́хо грудь.

Чтоб всю ночь весь день мой слух лелея,
Про любовь мне сладкий голос пел.
Надо мной чтоб вечно зеленея
Тёмный дуб склонялся и шумел.
Тёмный дуб склонялся и шумел.

나 홀로 길을 걷네요.
안개 속으로 돌담길이 빛나네요.
조용한 밤이네요. 쓸쓸한 거리는 신에게 귀 기울이고,
별들이 속삭이네요.

하늘은 아름답고, 신비롭네요.
대지는 하늘색 빛 속에서 잠들고…
그런데 내 마음은 왜 이리 아프고, 힘든가요?
무엇을 기다리고 있나요? 무엇을 후회하고 있나요?

이제 내 인생에서 더 이상 기대하는 것이 없는데.
나의 과거를 전혀 후회하고 있지 않은데.
나는 지금 자유와 평안을 찾고 있어요.
모든 걸 잊고, 잠들고 싶었어요!
모든 걸 잊고, 잠들고 싶었어요!

무덤 속의 차가운 잠이 아닌…
나는 영원히 그렇게 잠들고 싶었어요.
삶의 힘이 가슴 속에서 잠들도록.
숨 쉴 때 가슴이 조용히 부풀어 오르도록.
숨 쉴 때 가슴이 조용히 부풀어 오르도록.

밤새도록, 하루 종일 나의 귀를 즐겁게 해주며,
달콤한 목소리가 나에게 사랑 노래를 불렀으면.
내 위로는 영원히 푸르름을 띠고,
울창한 참나무가 몸을 숙여 소리냈으면,
울창한 참나무가 몸을 숙여 소리 냈으면…

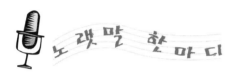

◎ выходить	(불완료상) 나가다
◎ дорога	길
◎ сквозь	(＋대격) ~를 통하여
◎ туман	안개
◎ кремнистый	돌이 많은
◎ путь	길
◎ блестеть	(불완료상) 빛나다
◎ ночь	밤
◎ тихий	조용한
◎ пустыня	황야, 인기척이 없는 곳
◎ внимать	(불완료상) (внемлю, внемлешь)귀를 기울이다
◎ бог	신
◎ звезда	별
◎ с	(＋조격) ~와 함께
◎ говорить	(불완료상) 말하다
◎ небо	하늘
◎ торжественно	장중하게, 화려하게
◎ чудно	경이롭게
◎ спать	(불완료상) (сплю, спишь:спят) 자다

○ земля	땅
○ сиянье	빛
○ голубой	하늘색의
○ больной	고통스러운
○ трудный	어려운
○ ждать	(불완료상) 기다리다
○ жалеть	(불완료상) 애석해하다, 유감이다
○ от	(+생격) ~로 부터
○ ничто	아무 것도
○ жаль	유감이다
○ прошлое	과거
○ не ничуть	조금도 ~않는다
○ искать	(불완료상) (ищу, ищешь : ищут) 찾다
○ свобода	자유
○ покой	평온
○ забыться	(완료상) 잊다
○ заснуть	(완료상) 잠들다
○ холодный	차가운
○ сон	꿈
○ могила	무덤
○ желать	(불완료상) 원하다
○ навеки	영원히
○ грудь	가슴
○ дремать	(불완료상) (дремлю, дремлешь : дремлют) 졸다
○ сила	힘
○ дышать	숨쉬다
○ вздыматься	(불완료상) 부풀어 오르다
○ ночь	밤
○ день	낮, 날
○ слух	청각
○ лелеять	(불완료상) (마음을) 위로하다, (귀, 눈을) 즐겁게 하다

◯ про	(+대격) ~에 대하여
◯ любовь	사랑
◯ сладкий	달콤한
◯ голос	목소리
◯ петь	(불완료상) 노래 부르다
◯ над(о)	(+조격) ~위에서
◯ вечно	영원히
◯ зеленеть	(불완료상) 녹색으로 되다
◯ тёмный	어두운
◯ дуб	참나무
◯ склоняться	(불완료상) 기울이다
◯ шуметь	(불완료상) 소리내다

- **выхожу один я на дорогу** : 나 홀로 길을 걷네. 동작동사 **выходить**
는 방향을 나타내는표현(**на**+명사 대격 **дорогу**)와 결합한다. 여기서 **один**
은 '혼자서'를 의미한다.

- **сквозь туман** : 안개를 통하여.

- **ночь тиха** : 밤이 고요하다. **тиха**는 **тихой**의 단어미 여성형으로 일
시적인 상황을 나타내는 술어의 기능을 한다.

- **пустыня внемлет богу** : 빈 거리는 신에게 귀기울인다.

- **звезда с звездою говорит** : 별들이 속삭인다. **говорить**+**с**조격
은 ' ~와 이야기하다'를 의미한다.

- **в небесах** : 하늘에는(**в**+복수전치격). **небо**는 복수 격변화할 때, 어
간에 **-ес-**가 나타난다.

- **что же мне так больно и так трудно** : 그런데 내 마음은 왜 이리
아프고, 힘든가? **больно**와 **трудно**는 **больной**(아픈), **трудный**(힘
든)의 단어미 중성형으로 술어 부사로 사용되었다. 술어부사의 의미상
주체는 여격 (**мне**)으로 표현된다.

- **жду ль чего** : 무엇을 기다리는가? 의문소사 **ли**(**ль**)는 묻고 싶은 말
뒤에 붙여서, 강조의 뉘앙스를 가미한다.

- **жалею ли о чём?** : 무엇을 후회하는가?

- **уж не жду от жизни ничего я** : 나는 인생에서 아무 것도 기대하
지 않는다. **ждать от чего**는 ' ~로부터 기대하다'의 표현이다. 이 동사
다음에 목적어는 **ничто**(아무 것도)의 생격형태 **ничего**로 표현되었다.

- **не жаль мне прошлого ничуть** : 나는 과거가 전혀 후회스럽지
않다. **жаль**의 의미상 주체는 여격(**мне**)으로 표현되며, 보어로 생격
(**прошлого**)을 취한다. **ничуть**는 '조금도 ~하지 않는다'를 의미한다.

- **я ищу свободы и покоя!** : 나는 자유와 평안을 찾고 있다. 동사
искать는 생격을 요구한다.

- **я б хотел забыться и заснуть!** : хотел б는 '~하고 싶었는데'
라는 표현으로, 희망을 의미하는 과거시제 동사와 소사 **бы(б)**는 하지
못한 일에 대한 안타까움이나 애석함을 나타낸다. **забыться**는 '완전
히 잊다'를 의미한다.

- **не тем холодным сном могилы** : '~한 잠을 자다'를 표현할 때
заснуть 다음에 조격(**тем холодным сном**)이 온다. **сон**(잠, 꿈)은
격변화할 때 모음 o가 탈락된다(출몰모음).

- **я б желал навеки так заснуть** : 나는 영원히 그렇게 잠들고 싶었
는데. **желал б**는 '~하고 싶었는데'를 뜻한다. 동사 **желать**는 동사
원형 (**заснуть**)과 결합한다.

- **чтоб в груди дремали жизни силы** : 삶의 힘이 가슴 속에 잠들
도록. **чтоб**(чтоб)목적절이다. 주절(**я**)과 목적절의 주어(**жизни силы**)
가 일치하지 않으므로, 술어는 과거시제 **дремали**로 표현된다.

- **чтоб дыша вздымалась тихо грудь** : 숨 쉴 때, 가슴이 조용
히 부풀어 오르도록. **дыша**는 **дышать**의 부동사 현재형으로 동시에
일어나는 행위를 나타낸다. 목적을 나타내는 표현에서 주절의 주어(**я**)와
목적절의 주어(**грудь**)가 일치하지 않으므로 과거 시제 술어
вздымалась가 사용되었다.

- **чтоб всю ночь весь день мой слух лелея, про любовь
мне сладкий голос пел** : 밤새도록, 온종일 나의 귀를 즐겁게 해
주며, 달콤한 목소리가 사랑노래를 부르도록. 두 행 모두가 목적절로 표
현되었다. **всю ночь**는 '밤새도록', **весь день**은 '온종일'을 의미한
다. **лелея**는 **лелеять**(즐겁게하다)의 부동사 현재형으로 동시에 일어
나는 행위를 표현한다. 주절은 **Я б желал навеки так заснуть**(영
원히 잠들고 싶었는데)이다. 따라서 주절과 목적절의 주어가 일치하지
않으므로 목적절의 술어는 과거 **пел**로 표현된다.

- **надо мной чтоб вечно зеленея тёмный дуб склонялся и
шумел** : **зеленея**는 **зеленеть**(녹색으로 되다)의 부동사 현재형으로

동시에 일어나는 상황을 의미한다. 주절은 Я б желал навеки так заснуть(영원히 잠들고 싶었는데)이다. 주절의 주어는 я이고, 목적절의 주어는 голос이므로 주절의 주어와 목적절의 주어가 일치하지 않는다. 따라서, 목적절의 술어는 과거시제 склонялся, шумел로 표현된다.

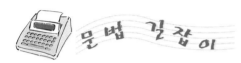

1. 동사 ждать의 의미와 사용에 대하여

1) 기다리다 : 구체적인 대상일 경우에는 대격과 결합, 추상적이거나 불특정한 대상일 경우 생격과 결합	Он ждёт жену. (그는 아내를 기다린다) Я жду поезда. (나는 기차를 기다린다) Она ждёт его приезда. (그녀는 그가 오기를 기다린다)
2) 기대하다 : 구체적인 대상일 경우에는 대격과 결합, 추상적이거나 불특정한 대상일 경우 생격과 결합	Я жду от жизни чего-нибудь хорошего. (나는 인생에서 뭔가 좋은 것을 기대하였다) Ждали, что он будет хорошим студентом. (그가 훌륭한 대학생이 되리라고 기대하였다)
3) 예상되다	Их ждут награды. (그들이 상을 받을 것으로 예상된다) Что ждёт меня? (나는 어떻게 될 것인가?)

2. 동사 искать

1) (잃은 것을) 찾다 : 대격과 결합	Я ищу потерянную книгу. (나는 잃어버린 책을 찾고 있다) Он ищет себе квартиру. (그는 셋집을 찾고 있다)
2) (추상적인 것을) 찾다, 구하다 : 생격과 결합	Она ищет случая. (그녀는 기회를 찾고 있다) Я ищу свободы и покоя. (나는 자유와 평안을 찾는다)

3. 동사 желать(바라다, 희망하다)에 대하여

1) 여격+생격 (~에게~를 바라다)과 결합	Я желаю вам здоровья и счастья. (당신의 건강과 행복을 바랍니다)
2) 동사원형과 결합	Я желал б навеки так заснуть (나는 그렇게 영원히 잠들고 싶었는데)
3) 목적절과 결합	Он желает, чтобы я пришёл пораньше. (그는 내가 좀더 일찍 오기를 바라고 있다)

4. с + 조격의 표현

1) 공동, 수반, 동시성의 의미	мальчик с девочкой. (소년이 소녀와 함께) с наступлением весны. (봄이 옴과 동시에)
2) 소유의 의미	человек с талантом(재능 있는 남자) девушка с зонтиком(우산을 든 아가씨)
3) 방법, 수단의 의미	Он работает с топором. (그는 도끼를 갖고 일한다)

4) 상태	Она слушает с улыбкой. (그녀는 미소를 지으며, 듣고 있다)
5) 동작의 상호성	Очень приятно встретиться с вами. (당신을 만나게 되어 매우 기쁩니다)
6) 동작의 대상	Что с тобой случилось? (너에게 무슨 일이 생겼니?)

Станция метро «Комсомольская»

··· 레르몬또프 M. Ю. Лермонтов(1814~1841)에 대해 ···

레르몬또프는 부조리한 사회 현실, 그것에 대한 회의와 절망이라는 분위기 속에서 인생과 도덕적, 철학적 문제에 깊이 사색하는 시인이다.

밝고 긍정적이며 미래에 대한 낙관적인 희망으로 가득 찬 푸슈킨 작품과는 달리, 레르몬또프의 작품에는 주로 회의적으로 어두운 분위기가 지배적이다. 또한 푸슈킨이 시에서 절제된 표현과 양식을 추구한데 비해 레르몬또프는 감성, 열정에 치우쳐 자유로운 표현과 양식을 추구하였다.

레르몬또프의 시에서는 고독, 애수, 절망과 같은 모티프가 많이 나타난다고 할 수 있다. 시인은 암울하고 감상적인 분위기 속에서 자신을 돌아보고 성찰한다 ("돛단배", "지루하고 서글퍼", "나 홀로 길을 걷네" 등).

레르몬또프가 시인으로서 결정적인 명성을 얻게 된 작품은, 결투로 비명에 죽은 푸슈킨을 애도하는 한편, 그 비극을 낳게 한 상류 사회의 부패와 타락성을 고발한 시 "시인의 죽음"(1837)이다. 그러나 레르몬또프는 이 시 때문에 니꼴라이 2세의 노여움을 사 카프카즈로 추방된다. 이 무렵을 전후하여 그의 창작력은 더욱 왕성해져 자유에의 갈망에 찬 서정시를 속속 발표했다. 레르몬또프의 시는 창작 후반기로 갈수록 과장된 감정은 표현과 분출이 많이 자제되고, 보다 일반적이고 보편적인 성격을 띤다. 시인은 시 속에서 같은 시대, 같은 사람들의 상념을 반영하고 ("상념"), 시인으로서의 자신의 위치, 사명감과 사회 문제와의 괴리감에서 오는 고통을 표현하기도 한다 ("예언자").

2부

영화음악

Я шагаю по Москве
나는 모스크바 길을 행진하네

영화 "나는 모스크바 길을 행진하네"中에서
Из кинофильма "Я шагаю по Москве"

Муз.: А. Петров
Сл.: Г. Шпаликов
Исп.: Н. Михалков

Бы - ва - ет всё на све-те хо-ро-шо. В чём де - ло сразу не пой-

мёшь. А про - сто ле - тний дождь. про-шёл Нор-маль - ный ле-тний

дождь. Мель-кнёт в толпе зна-ко-мо-е ли-цо. Ве - сёл - ые гла-

за. А в них бежит Са-до-во - е кольцо. А в них бле-стит Са-

до - во - е коль-цо. И ле - тня-я гро - за.

65

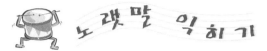

Я шага́ю по Москве́

Быва́ет всё на све́те хорошо́.
В чём де́ло сра́зу не поймёшь.
А про́сто ле́тний дождь.
Норма́льный ле́тний дождь.
Мелькнёт в толпе́ знако́мое лицо́.
Весёлые глаза́.
А в них бежи́т Садо́вое кольцо́.
А в них блести́т Садо́вое кольцо́.
И ле́тняя гроза́.

А я иду́, шага́ю по Москве́.
И я ещё пройти́ смогу́.
Солёный Ти́хий океа́н
и ту́ндру, и тайгу́.
Над ло́дкой бе́лый па́рус распущу́.
Пока́ не зна́ю с кем
А е́сли я по до́му загрущу́,
Под сне́гом я фиа́лку отыщу́.
И вспо́мню о Москве́.

И вспо́мню о Москве́.

세상의 모든 일은 잘되고 있어.
무슨 일인지 처음엔 알 수 없지.
그냥 여름비만 내릴 뿐.
보통의 여름비가.
사람들 속에 보이는 낯익은 얼굴,
즐거운 눈동자.
그 속에 사도보예 깔쪼 길이 달리고,
그 속에 사도보예 깔쪼 길이 빛나고,
그리고 여름 소낙비.

나는 걷지, 모스크바 길을 걷고 있어.
나는 아직도 건너갈 수 있어.
거칠은 태평양도,
툰드라도, 타이가도.
돛단배에 돛을 달아야지.
아직 누구와 함께 갈 지 몰라.
집이 그리워질 때는,
눈 속에서 제비꽃을 찾아야지.
그리고 모스크바를 회상해야지.

그리고 모스크바를 회상해야지.

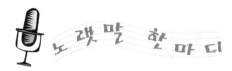

○ бывать	(불완료상) 있다, 일어나다
○ свет	세상
○ сразу	즉시
○ понять	(완료상) (пойму, поймёшь : поймут) 이해하다
○ просто	단순히
○ летний	여름의
○ дождь	비
○ мелькать	(불완료상) 번쩍거리다, 때때로 보이다
○ толпа	군중
○ знакомый	아는
○ лицо	얼굴
○ весёлый	즐거운
○ глаз	눈
○ блестеть	빛나다
○ Садовое кольцо	(모스크바 시내 거리명) 사도보예 깔쪼
○ бежать	달리다
○ гроза	뇌우
○ шагать	걷다
○ по	(+여격) ~따라서
○ ещё	아직
○ пройти	(완료상) 지나가다
○ смочь	(완료상) (смогу, сможешь : смогут) 할 수 있다
○ солёный	짠
○ Тихий океан	(지명) 태평양
○ тундра	툰드라
○ тайга	타이가
○ над	(+조격) ~위에
○ лодка	보트

○ белый	하얀	
○ парус	돛	
○ распустить	(완료상) 풀다, 펼치다	
○ пока	아직까지	
○ загрустить	(완료상) 슬퍼하다, 애틋해하다	
○ под	(+조격) ~아래에	
○ снег	눈	
○ фиалка	제비꽃	
○ отыскать	(완료상) 찾아내다	
○ вспомнить	(완료상) 회상하다	

- **на свете** : 세상에.

- **в чём дело?** : 무슨 일이냐?

- **сразу не поймёшь** : 즉시 이해할 수 없다. 주어(ты)를 보통 생략하고, 2인칭 현재시제나 미래시제를 사용하는 보편 인칭문이다.

- **в толпе** : 군중 속에서.

- **мелькает знакомое лицо** : 아는 얼굴이 보인다.

- **шагаю по Москве** : 모스크바 길을 따라 걷는다.

- **я ещё пройти смогу** : 나는 아직 건너 갈 수 있다. 조동사 смочь(할 수 있다)는 동사원형과 결합한다.

- **пройти тундру, тайгу** : 툰드라와 타이가를 지나다.

- **парус распущу** : 돛을 펼친다.

- **если я по дому загрущу** : 여기서 если는 조건적인 의미 보다는 시간의 의미를 갖는다. 의문 대명사 когда로 대체할 수 있다. грустить/загрустить по+여격은 '~를 애틋해하다'의 뜻을 갖는다.

- **под снегом** : 눈 밑에

- **вспомню о Москве** : 모스크바를 회상할 것이다. вспомнить는 о+ 전치격과 결합한다.

1. 전치사 по + 여격의 표현

1) ~를 따라서	шагать по Москве(모스크바 길을 따라 걷다)
	идти по улице(길을 따라 걷다)
2) ~에 의하여	по закону(법에 의해)
	по моде(유행에 따라)
3) ~때문에(원인)	по болезни(병 때문에)
	по невнимательности(부주의때문에)
4) ~에 대한 (전문분야를 표시함)	специалист по культуре(문화전문가)
	экзамен по русскому языку(러시아어 시험)
5) ~로 (수단, 방법)	послать по электронной почте
	(전자우편으로 보내다)
	говорить по телефону(전화통화하다)
6) ~를 향하여 (방향)	стрелять по противнику(적을 향해 사격하다)
7) 씩	по рублю с каждого(각자에게서 1루블씩)
	по доллару в час(1시간에 1달러씩)
8) ~마다(시간의 의미)	по воскресеньям(일요일마다)
	по праздникам(공휴일마다)
9) 어결합에서 사용 : 주로 생각, 그리움, 사모의 의미를 갖는 어결합에서 사용	грустить по дому(집을 그리워하다)
	скучать по родителям
	(부모님을 보고싶어하다)

2. 동사 мочь/смочь(~할 수 있다) 에 대하여

동사 мочь의 인칭 변화는 특수하므로 기억해둬야 한다 : могу, можешь, может, можем, можете, могут. 동사원형과 결합하여 '~를 할 수 있다'를 의미한다.

　　📠　Он может плавать.(그는 수영할 수 있다)

Я смогу пройти Тихий океан.(나는 태평양을 건널 수 있다)
Извините. Я не могу вам помочь.
(죄송합니다만, 당신을 도와드릴 수 없습니다)

3. 동사 проходить / пройти에 대하여

1) 지나가다 : 자동사일 경우 전치사 через, мимо, по와 결합 타동사일 경우 대격과 결합	자동사 : пройти через переулок (골목을 지나다), пройти по мосту (다리를 건너다) 타동사 : пройти Тихий океан (태평양을 건너다), пройти всю дорогу пешком (길을 내내 걸어가다)
2) 퍼지다	Слухи проходят по всей стране. (소문이 전국적으로 퍼지고 있다)
3) 지나다, 경과하다	Время проходит незаметно. (시간은 알지 못하는 사이에 지나간다)
4) 그치다	Усталость прошла.(피곤함이 가셨다)
5) 스며들다	Чернила проходят через бумагу. (잉크가 종이로 스며든다)

4. 접두사 + помнить

помнить (대격, o + 전치격)기억하다	Я не помню этого(об этом). (나는 이것을 기억하지 못한다)
запомить(대격) 기억하다	Он старается запомнить стихи наизусть. (그는 시를 암기하려고 노력 중이다)
вспомнить (대격, o + 전치격)회상하다	Он вспомнил прошлое. (그는 과거를 회상했다) Я вспомню о Москве. (나는 모스크바를 회상할거다)
напомнить (대격) 상기시키다	Она напомнила свою мать. (그녀는 자기 엄마를 생각나게한다)

노래에 실린 문화 이야기

··· 니끼따 미할꼬프(Никита Михалков)감독에 대하여 ···

영화 감독이자 배우인 미할꼬프는 전형적인 예술가 집안 출신이다. 시인이자 극작가인 아버지와 화가인 할아버지와 증조 할아버지의 예술가적 기질을 그대로 이어받은 러시아 영화계의 대표 주자이다. 그가 감독한 영화로는 "빛과 그림자의 발라드", "사랑의 노예", "닷새밤에", "오블로모프의 생애", "고삐", "바랴", "검은 눈동자"등이 있다. 그의 영화는 재기 발랄하고, 경쾌하며 세련된 연출력이 돋보이며, 그의 악동과도 같은 익살스러운 "장난"이 영화 곳곳에 표현되기도 한다. 또한 그의 영화는 작가 체홉의 색채를 느끼게도 한다. 다재다능한 미할꼬프 감독은 게오르기 다니엘라 감독의 1963년도 영화 "나는 모스크바 길을 행진하네"에서 직접 주제가를 불렀다.

쉬어가는 페이지

한국어 속담과 러시아어 속담 비교

1. 구더기 무서워 장 못 담그랴
   Волков бояться - в лес не ходить.

2. 모기 보고 칼 뺀다.
   За комаром да с топором.

3. 가재는 게편이다.
   Одного поля ягода.

4. 고슴도치도 제 새끼는 함함하다고 한다.
   Дитя хоть и криво, да отцу и матери мило.

5. 씨앗 싸움에는 돌 부처도 돌아 앉는다.
   Любая жена будет ревновать, если муж возьмёт
   молодую наложенцу.

6. 초록은 동색
   Два сапога - пара.

7. 등잔 밑이 어둡다.
   Не видать тебе как своих ушей.

8. 매도 먼저 맞는 것이 낫다.
   Сама беда лучше ожидания беды.

9. 쇠는 뜨거울때 쳐라.
   Куй железо, пока горячо.

10. 시장이 반찬
    Голод лучший повар.

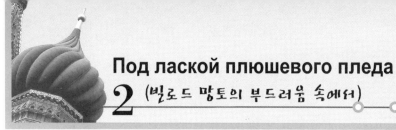

Под лаской плюшевого пледа
(빌로드 망토의 부드러움 속에서)

영화 "잔인한 로망스"中에서
Из кинофильма "Жестокий романс"

Муз.: А. Петров
Сл.: М. Цветаева
Исп.: В. Пономарёва

Под лас-кой плю-ше-во-го пле-да   Вче - раш-ний вы-зы-ва-ю сон.

Что э-то бы-ло? Чья по - бе - да?   Кто по-беж-дён?   Кто по-беж-дён?   Всё пе-ре

-ду-мы-ва-ю сно-ва,   Всем пе-ре-му-чи-ва-юсь вновь.   В том, для че-го не зна-ю   сло - ва.

В том, для че-го не зна-ю сло-ва.   Бы-ла ль лю-бовь?

75

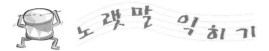

Под лаской плюшевого пледа

Под лаской плюшевого пледа
Вчерашний вызываю сон.
Что это было? Чья победа?
Кто побеждён? Кто побеждён?

Всё передумываю снова.
Всем перемучиваюсь вновь.
В том, для чего не знаю слова.
В том, для чего не знаю слова.
Была ль любовь?

Кто был охотник? Кто добыча?
Всё дьявольски наоборот.
Что понял длительно мурлыча,
Сибирский кот, сибирский кот?

В том поединке своеволий,
Кто, в чьей руке был только мяч,
Чьё сердце? Ваше ли, моё ли?
Чьё сердце? Ваше ли, моё ли?
Летело вскачь?

И всё-таки что ж это было?

Чего́ так хо́чется и жаль!
Так и не зна́ю : победи́ла ль?
Так и не зна́ю : победи́ла ль?
Побеждена́ ль? Побеждена́ ль?

빌로드 망토의 부드러움 속에서
어제의 꿈을 부르네.
이게 무엇인가? 누구의 승리인가?
누구의 패배인가? 누구의 패배인가?

모든 것을 새롭게 다시 생각하네.
모든 것에 몹시도 지쳐버린 나.
무슨 말인 지를 모르네.
무슨 말인 지를 모르네.
사랑이었을까?

누가 사냥꾼이었는가? 누가 사냥감이었는가?
모든 것이 악마처럼 바뀌어 버렸네.
오랫동안 울어대면서 무엇을 알았을까?
시베리아 고양이가, 시베리아 고양이가.

제 멋대로의 결투에서.
누가 누구의 손에서 단지 공이었던가?
누구의 마음이? 당신의 마음이, 나의 마음이?
누구의 마음이? 당신의 마음이, 나의 마음이
멀리 튀어 날아갔는가?

그래도 여전히, 이게 무엇이지?
무엇을 그토록 원하고, 아쉬워하는지!
그래서 모르겠어. 승리한 것일까?
그래서 모르겠어. 승리한 것일까?
패배한 것일까? 패배한 것일까?

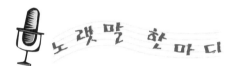

○ ласка	부드러움
○ плюшевый	빌로드의
○ плед	망토
○ вчерашний	어제의
○ вызывать	(불완료상) 부르다
○ сон	꿈
○ чей, чья, чьё, чьи	(물주 대명사) 누구의
○ победа	승리
○ побеждённый	패배한(**победить**의 피동형동사)
○ передумывать	(불완료상) 생각을 바꾸다
○ снова	다시
○ перемучиваться	(불완료상) 몹시 지치나
○ вновь	새로이
○ слово	단어
○ для	(+생격) ~를 위하여
○ любовь	사랑
○ охотник	사냥꾼
○ добыча	포획물
○ дьявольски	악마처럼

○ наоборот	거꾸로
○ понять	(완료상) 이해하다
○ длительно	오래
○ мурлыкать	(불완료상) (고양이가) 울다
○ сибирский	시베리아의
○ кот	고양이
○ поединок	결투 (마지막 음절의 о는 출몰모음)
○ своеволие	횡포
○ рука	손
○ только	단지
○ мяч	공
○ сердце	심장
○ лететь	(불완료상) 날아가다
○ вскачь	뛰어서
○ всё-таки	여전히
○ хотеться	(불완료상) 원하다
○ жаль	애석해하다
○ победить	(완료상) 승리하다

ВВЦ. Фонтан ≪Каменный цветок≫

- **под лаской плюшевого пледа** : 빌로드 망토의 부드러움 속에서
- **чья победа?** : 누구의 승리인가?
- **кто побеждён?** : 누가 패배한 것인가? победён은 피동형동사 побеждённый의 단어미형.
- **передумываю снова** : 새롭게 다시 생각한다. 접두사 пере- 는 '다시'의 의미를 갖는다.
- **всем перемучиваюсь** : 모든 것에 몹시 지치다. перемучиваться +조격은 '~에 몹시 지치다, ~때문에 몹시 괴로움을 당하다'를 의미한다.
- **в том, для чего не знаю слова** : 무엇을 위한 말인지를 모른다.
- **была ль любовь?** : 사랑이었을까?
- **длительно мурлыча** : 오랫동안 울어대면서. мурлыча는 мурлыкать의 부동사 현재형으로 시간의 의미를 나타낸다. 주체는 сибирский кот(시베리아 고양이)이다.
- **летело вскачь** : 멀리 튀어 날아갔다.
- **чего так хочется и жаль!** : 무엇을 그토록 원하고 아쉬워하는 지!

1. 피동형동사 과거 단어미에 대하여

능동 형동사는 장어미 형태만을 갖지만, 피동형용사는 형용사처럼 장어미, 단어미 형태를 갖는다. 피동 형동사 과거 단어미형은 완료상 동사에서 만들어진 피동형동사에서 어미를 떼내고 만든다. 피동형동사를 만드는 접미사로는 -н-, -ен-, -т-가 있다.

> -н- : прочитать(읽다) - прочитанный - прочитан
> -ен- : решить(해결하다) - решенный - решен
> пригласить(초대하다) - приглашённый - приглашён
> -т- : открыть(열다) - открытый - открыт
> закрыть(닫다) - закрытый - закрыт

피동형동사 단어미형은 문장에서 술어기능을 하며, 명사의 성, 수에 일치한다.

형동사 장어미형은 주로 문어체에서 사용되고, 구어체에서 사용되지 않지만, 형동사 단어미형은 문어체 뿐만 아니라 구어체에서도 자주 사용된다.

> Дверь открыта.(문이 열려있다)
> Я приглашена на день рождения друга.
> (나는 친구 생일에 초대받았다)
> Кто побеждён?(누가 졌지?)
> Это место занято.(이 자리는 사람이 있는데요)

2. 전치사 для에 대하여

1) ~를 위하여, ~의 목적으로	для вас(당신을 위해), для мира(평화를 위해)
2) ~용도의	ящик для чая(차 상자)
3) ~에게는, ~로서는	Это невозможно для меня. (이 일은 나로서는 불가능하다)

3. 동사 вызвать에 대하여

1) 불러내다	вызвать врача(의사를 부르다)
2) 호출하다, 소환하다	вызвать в суд(법정으로 소환하다)
3) 야기하다	Инфляция вызвала экономический кризис. (인플레이션이 경제 위기를 초래하였다)

4. 시간부사를 형용사로 만들기

시간을 의미하는 부사에 형용사 접미사 -шн- 을 붙여 만든다.

(부사) вчера (어제)　→ (형용사) вчерашний (어제의)

(부사) сегодня (오늘)　→ (형용사) сегодняшний (오늘의)

(부사) завтра (내일)　→ (형용사) завтрашний (내일의)

5. 의문소사 ли

의문문에서 묻고 싶은 내용을 강조하기 위해 관계있는 말 바로 뒤에 ли가 온다.

> Был ли он?　　　　그가 왔는가?
>
> Победила ли?　　　승리한 것인가?
>
> Далеко ли отсюда?　여기에서 먼가?

또한 ли는 선택 의문문에서 조건적 선택을 나타낼 때 사용된다.

> Не знаю, куда отправить вам деньги, в Москву ли, в Петербург ли.
>
> 당신에게 돈을 어디로 보내야할지, 모스크바로, 아니면 뻬쩨르부르그로 보내야할지 모르겠습니다.

노래에 실린 문화 이야기

··· 마리나 쯔베따예바(Марина Цветаева)에 대하여 ···

여류 시인 마리나 쯔베따예바(1892 – 1941)는 모스크바 대학 교수인 아버지와 피아니스트인 어머니 사이에서 출생하여 어린 시절부터 다양한 예술과 문화를 체험하였다. 중학교 시절부터 유럽을 자주 여행하였고, 16세 때에는 소르본느 대학에서 프랑스 문학 강의를 듣기도 하였다. 이 무렵 그녀는 첫 시집 "저녁 앨범"(1910)을 출판하고, 1912년 두 번째 시집 "마법의 등불"을 출판한다. 이 초기 시집들에는 낭만적 시선으로 세계를 바라보는 어린아이와 같은 시인의 감상이 나타나 있으며, 모든 것으로부터 자유롭고 독립적이고자 하는 그녀의 자의식 강한 기질이 드러나 있다.

행복하고 평온했던 그녀의 삶이 바뀌는 사건들이 일어나게 된다. 바로 러시아 혁명과 내전, 그리고 1912년 결혼한 남편 세르게이 에프론은 그녀의 인생에서 큰 전환점이 된다. 그녀는 내전에 참여한 남편과 함께 반혁명군이 되어 "백조의 진영"을 발표한 후 오랜 세월 동안 힘든 망명 생활을 하게 된다. 프라하에서의 망명 기간은 비록 정신적으로나 물질적으로 고통스러운 시기였지만 시인으로서의 그녀의 재능이 꽃 피는 시기였다. "이별", "블록에게 바치는 시", "프시케", "기교", "산의 시", "피리 부는 사나이" 등 뛰어난 작품을 이 시기에 발표하였다.

1938년 공산주의로 전향한 남편과 딸을 따라 모스크바로 돌아온 그녀를 기다린 것은 남편의 총살, 딸의 수용소 생활, 경제적인 궁핍뿐이었다. 그리고 고독과 고립, 그녀의 작품에 대한 냉대는 그녀의 생활을 더욱 고통스럽게 만들었다. 끝내 그녀는 자살로 힘들고 슬픈 자신의 삶을 마감한다.

그녀는 항상 시에서 사랑, 러시아, 예술을 노래하였다. 그녀의 시는 격렬하면서도 드라마틱하게 인간의 감정을 전달하며, 격한 억양과 빠른 리듬, 언어의 강세, 새로운 리듬과 운이 두드러진다. 그녀는 사후 여류시인 아흐마또바와 함께 러시아의 가장 재능 있는 시인으로 인정받게 되고, 그녀의 유고시집, 관련 논문이 줄기차게 쏟아져 나오고 있다. 쯔베따예바는 이러한 자신의 시대를 "일찍이 씌어진 나의 시들이여"라는 시에서 이미 예언하였다. 하지만 그녀가 죽은 후 그녀의 시에 대한 봇물과도 같은 사랑과 인기, 인정과 찬사가 불행하고 암울했던 그녀의 인생을 조금이라도 위로할 수 있을지는 미지수이다. 분명한 것은 너무나 힘든 인생과 처절하게 싸운 그녀의 시이기에 더욱 아름답게 러시아인들의 가슴을 울리고, 가슴속에서 살아 숨쉬고 있는 것이다.

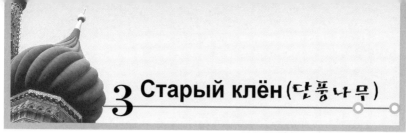

3 Старый клён (단풍나무)

영화 '처녀들' 中에서
Из кинофильма "Девчата"

Муз.: А. Пахмутова
Сл.: М. Матусовский
Исп.: Трио "Меридиан"

Ста - рый клён, ста - рый клён, Ста - рый клён сту-чит в сте-кло.

При-гла-ша - я нас сто-бо - ю на про-гул - ку.

От - че-го, от - че-го, От - че-го, мне так све - тло?

От - того, что ты и - дёшь по пе-ре-ул - ку.

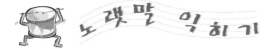

Ста́рый клён

Ста́рый клён, старый клён,
Ста́рый клён стучи́т в стекло́.
Приглаша́я нас с тобо́ю на прогу́лку.
Отчего́, отчего́,
Отчего́, мне так све́тло?
Оттого́, что ты идёшь по переу́лку.

Снегопа́д, снегопа́д,
Снегопа́д давно́ прошёл.
Сло́вно в го́сти к нам весна́ опя́ть верну́лась?
Отчего́, отчего́,
Отчего́, так хорошо́?
Оттого́, что ты мне про́сто улыбну́лась?

Погляди́, погляди́,
Погляди́ на небосво́д.
Как сия́ет он безо́блачно и чи́сто.
Отчего́, отчего́,
Отчего́, гармо́нь поёт?
Оттого́, что кто-то лю́бит гармони́ста.

오래된 단풍나무, 오래된 단풍나무,
오래된 단풍나무가 유리창을 두드리네.
너와 함께 나를 산책길에 초대하면서.
왜, 왜,
왜 나는 이토록 기쁠까?
네가 골목길을 걷고 있기 때문이지.

내리는 눈, 내리는 눈.
눈이 오래 전에 그쳤네.
우리를 찾아온 손님처럼 봄이 다시 돌아왔네.
왜, 왜,
왜 나는 이토록 좋은가?
네가 내게 그저 미소를 지어주었기 때문이지.

바라보렴, 바라보렴,
바라보렴, 넓은 하늘을.
구름 한 점 없이 맑게 빛나는 넓은 하늘을.
왜, 왜,
왜 아코디언이 노래할까?
누군가가 아코디언 연주자를 사랑하고 있기 때문이지.

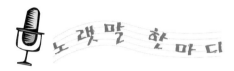

⊃ старый	늙은, 오래된
⊃ клён	단풍나무
⊃ стучать	(불완료상) 두들기다
⊃ стекло	유리
⊃ приглашать	(불완료상) 초청하다
⊃ друг	친구
⊃ прогулка	산책
⊃ отчего	왜
⊃ светлый	밝은
⊃ оттого, что	~때문에
⊃ переулок	골목길
⊃ снегопад	강설
⊃ давно	오래전에
⊃ пройти	(완료상) 지나가다
⊃ словно	마치 ~처럼
⊃ гость	손님
⊃ весна	봄
⊃ опять	다시
⊃ вернуться	(완료상) 돌아오다
⊃ улыбнуться	(완료상) 미소 짓다
⊃ поглядеть	(완료상) 쳐다보다
⊃ небосвод	넓은 하늘
⊃ сиять	(불완료상) 빛나다
⊃ безоблачно	구름 없이
⊃ чисто	깨끗하게
⊃ гармонь	아코디언
⊃ петь	(불완료상) 노래 부르다
⊃ любить	(불완료상) 사랑하다

○ гармонист   아코디언 연주자

노랫말 표현 따라잡기

- **стучит в стекло** : 유리창을 두드리다. **стучать в дверь**는 '문을 노크하다' 라는 표현.

- **приглашая нас с тобою на прогулку** : 너와 함께 나를 산책길에 초대하면서. **приглашать кого на что**는 '~를 ~에 초대하다'의 표현이다. '나는 당신을 저녁에 초대하고 싶다'를 러시아어로 표현하면 **Я хочу пригласить вас на ужин**이다. **приглашая**는 **приглашать** 동사의 부동사 현재형이다.

- **отчего мне так светло?** : **отчего**는 '왜'를 의미하는 부사로 **почему**로 바꾸어 사용할 수 있다.

- **оттого, что ты идёшь по переулку** : 네가 골목길을 걷고 있기 때문에. **оттого, что**–는 원인을 나타내는 접속사로 **потому что**로 대체 가능하다.

- **снегопад давно прошёл** : 눈이 오래 전에 그쳤기 때문에. 여기서 **прошёл**은 '그치다'의 의미로 사용되었다.

- **словно в гости к нам** : 우리에게 온 손님처럼. **словно**는 '마치 ~ 처럼'의 표현으로써, **как будто**와 같이 사용된다.

- **весна опять вернулась** : 봄이 다시 돌아왔다. 완료상 동사 과거 **вернулась**는 행위의 결과를 나타낸다.

- **погляди на небосвод** : 넓은 하늘을 바라보라. **поглядеть на**+대격은 '~를 쳐다보다'의 표현이다. **погляди**는 **поглядеть**의 명령형이다.

- **Как сияет он безоблачно и чисто** : 넓은 하늘이 얼마나 구름없이 맑게 빛나는 가를!

- **Гармонь поёт** : 아코디언이 노래하다.

1. 의미상의 주체 여격에 대하여

술어부사가 사용된 구문에서 의미상의 주체는 여격으로 나타난다.

> Мне так хорошо.(나는 너무 좋다)
>
> Ему трудно работать весь день.
>
> (그는 하루 종일 일하기 어렵다)
>
> Нам очень приятно встретиться с вами.
>
> (우리는 당신을 만나게 되어 매우 기쁩니다)
>
> Вам холодно?(당신은 춥나요?)

2. 원인, 이유절

원인, 이유를 표현할 때는 다음의 접속사가 사용된다 : потому что, вследствие того что, оттого что, ввиду того что, в силу того что, поскольку, из-за того, что.

그중 потому что, ибо 원인절은 항상 주절 다음에 온다. так как 원인절은 주절 앞과 뒤에 다 올 수 있다.

> Интернет пользуется популярностью, потому что(ибо) он самый массовый и оперативный источник информации.(인터넷은 가장 대중적이고 실용적인 정보 소스이기 때문에 인기를 얻고 있다)
>
> Так как он чувствовал себя плохо, он опоздал на урок. Он опоздал на урок, так как(потому что) он чувствовал себя плохо.
>
> (그는 몸상태가 좋지 않아서 수업에 지각하였다)

문어체와 구어체에서 가장 보편적으로 사용되는 접속사는 потому что이다. ибо는 문어체에만 사용된다. вследствие того что, ввиду того что, в силу того что, поскольку는 일반적으로 문어체와 공식 사무체에서 사용된다.

3. 소사 −то와 −нибудь에 대하여

소사 −то가 붙은 대명사는 화자에게만 알려지지 않은 대상이나 인물을 표현할 때 사용한다. 다른 사람들에게는 알려진 인물이나 대상일 수 있다.

кто-то는 '누군가', что-то는 '무엇인가'를 의미한다. Кто-то постучал в дверь(누군가가 문을 두드렸다)는 '어떤 사람이 문을 두드렸는데, 누구인지를 화자는 모른다'를 뜻한다. Что-то упало на пол이란 문장은 '어떤 물건이 떨어졌는데, 화자는 그 물건이 무엇인지를 모른다'의 의미를 갖는다.

소사 −нибудь가 붙은 대명사는 화자 뿐만 아니라, 다른 사람에게도 알려지지 않은 불특정 대상이나 인물을 의미한다. кто-нибудь는 '누구라도 (아무라도)', что-нибудь는 '무엇이라도'의 뜻을 갖는다.

Позови кого-нибудь.(누구라도 불러라)

Дайте мне что-нибудь попить.(마실 것을 아무거나 주세요)

… 러시아 영화 역사 …

러시아에 처음으로 영화가 소개된 것은 1896년 5월 프랑스의 뤼미에르 영화사가 뻬쩨르부르그에 영화관을 개관한 때였다. 처음 러시아인의 손으로 영화가 제작되기 시작한 것은 1908년 쯤이다.

주로 무대 연극을 그대로 촬영하거나 똘스또이, 도스또옙스끼 등의 소설을 영화로 만든 문예영화가 주종을 이루었다.

1917년 러시아 혁명 후 레닌은 영화를 사회주의 사상의 선전도구로 사용하여, 선동영화와 기록영화 제작에 주력하였다.

러시아 영화가 예술적인 측면에서 발전하기 시작한 것은 뿌프낀과 에이젠슈쩨인 두사람의 등장과 때를 같이한다. 그들은 '몽타주 이론'을 발전시켜 러시아 영화발전에 큰 기여를 하였다. '몽타주 이론'은 오늘날까지도 영화이론의 초석으로 간주되고 있다. 에이젠슈쩨인의 "전함 포템킨" (1925)과 뿌프낀의 "어머니"(1926)는 러시아 무성영화 시대의 걸작으로 꼽히고 있다.

4 Молитва (기도)

영화 "약속의 하늘"中에서
Из кинофильма "Небеса обетованные"

Муз.: А. Петров
Сл.: Э. Рязанова
Исп.: Е. Камброва

Госпо-ди, ни охнуть, ни вздохнуть.   Дни летят в метельной круговерти.

Жизнь-тропинка от рож-де-ния к смер-ти.   Смутный, скрытый, о-дино-кий

путь.   Господи,   ни охнуть,   ни вздох-нуть.

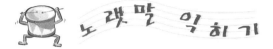

Моли́тва

Го́споди, ни о́хнуть, ни вздохну́ть.
Дни летя́т в мете́льной кругове́рти.
Жизнь-тропи́нка от рожде́ния к сме́рти.
Сму́тный, скры́тый, одино́кий путь.
Го́споди, ни о́хнуть, ни вздохну́ть.

Снег. И мы бесе́дуем вдвоём.
Как нам одоле́ть большу́ю зиму́.
Одоле́ть её необходи́мо.
Что́бы вновь весно́й услы́шать гром.
Го́споди! Спаси́бо, что живём!

Мы выхо́дим вме́сте в снегопа́д.
И четы́ре о́ттиска за на́ми,
Отпеча́танные башмака́ми,
Неотвя́зно сле́дуя, следя́т...
Го́споди, как ты мете́ли рад!

Где же мои́ пе́рвые следы́?
Занесло́ печа́льную доро́гу.
Заметёт оста́ток понемно́гу.
Ми́лостью отзы́вчивой судьбы́.
Го́споди! Спаси́бо за подмо́гу!

Го́споди, ни о́хнуть, ни вздохну́ть.
Дни летя́т в мете́льной кругове́рти.
Жизнь - тропи́нка от рожде́ния к сме́рти.
Сму́тный, скры́тый, одино́кий путь.
Го́споди, ни о́хнуть, ни вздохну́ть.

주여, 한숨 쉬지도 , 탄식하지도 않기를.
눈보라의 소용돌이 속에서 흘러가는 세월.
인생이란 탄생에서 죽음으로 가는 오솔길,
혼란스럽고, 비밀스럽고, 외로운 길인 것을.
주여, 한숨 쉬지도, 탄식하지도 않기를.

눈이 내리고. 우리는 둘이서 이야기를 나누었지,
어떻게 긴 겨울을 견딜까.
반드시 견디어야지.
다시 봄에 천둥소리를 듣기 위해서.
주여! 살아 있다는 것에 감사합니다!

우리는 함께 눈 내리는 거리로 나갔지.
우리 뒤에 네 개의 자취,
반장화 발이 남겨놓은,
끊임없이 뒤따르고, 뒤따라오면서...
주여, 당신이 눈보라를 얼마나 기뻐하는지!

내 첫 발자취가 어디에 있지?
슬픈 길을 덮어버렸네.
흔적을 조금씩 지워 가겠지,

미련이 많은 운명에 대한 은총으로.
주여! 도와주셔서 감사합니다!

주여, 한숨 쉬지도 , 탄식 하지도 않기를.
눈보라의 소용돌이 속에서 흘러가는 세월.
인생이란 삶에서 죽음으로 가는 오솔길,
혼란스럽고, 비밀스럽고, 외로운 길인 것을.
주여, 한숨 쉬지도, 탄식하지도 않기를.

◐ господь	하느님
◐ ни	~도 아니다
◐ охнуть	(완료상) 한숨쉬다
◐ вздохнуть	(완료상) 탄식하다
◐ день	날
◐ лететь	(불완료상) 날다
◐ метельный	눈보라의
◐ круговерть	원 회전
◐ жизнь	인생
◐ тропинка	오솔길
◐ от	(+생격) ~로 부터
◐ рождение	탄생
◐ к	(+여격) ~쪽으로, ~까지
◐ смерть	죽음
◐ смутный	혼란스러운
◐ скрытый	비밀스러운

одинокий	고독한
путь	길
снег	눈
беседовать	(불완료상) 대화하다
вдвоём	둘이서
одолеть	(불완료상) 극복하다
большой	큰
зима	겨울
необходимо	반드시 ~해야한다
вновь	다시
весна	봄
услышать	(완료상) 듣다
гром	천둥소리
спасибо	고맙다
жить	(불완료상) (**живу, живёшь : живут**) 살다
выходить	(불완료상) 나가다
вместе	함께
снегопад	강설
оттиск	자국
за	(+조격) ~뒤에
отпечатанный	자국이 남겨진(**отпечатать**의 피동형동사)
башмак	반장화
неотвязно	끈질기게
следовать	(불완료상) 뒤따라 가다
следить	(불완료상) 뒤따르다
метель	눈보라
рад	기쁘다
след	자국
занести	(완료상)덮다
печальный	슬픈
дорога	길

⚪ замести	(완료상) 쓸어 모으다, 덮다, 흔적을 찾을 수 없게 하다
⚪ остаток	여분
⚪ понемногу	조금씩
⚪ милость	은총
⚪ отзывчивый	동정심 많은
⚪ судьба	운명
⚪ за	(+대격) ~에 대하여
⚪ подмога	도움

Ипатьевский монастырь в Костроме

- **господи, ни охнуть, ни вздохнуть** : господи는 господь의 호격 형태로 신을 부를 때 사용하는 표현이다. ни… ни…는 명령법 또는 동사원형과 함께 사용하여 금지의 뜻을 강조한다.

- **дни летят в метельной круговерти** : 시간이 눈보라의 소용돌이 속에서 흘러간다. день의 복수인 дни는 '시일'의 의미를 갖는다. 모음 е는 출몰모음. '시간이 흘러가다'는 표현을 할 때 лететь(날아가다), проходить(지나가다)라는 동사를 사용한다.

- **тропинка от рождения к смерти** : 탄생에서 죽음으로 가는 오솔길. от… к…는 시간을 나타내는 표현으로 '~부터 ~까지'를 의미한다.

- **мы беседуем вдвоём** : 우리는 함께 대화를 나눈다. -ова-동사는 인칭변화에서 -у-로 변화한다. вдвоём은 '둘이서 같이'의 의미로 двое вместе의 표현으로 대체할 수 있다. '둘이 함께 살다'는 жить вдвоём의 표현으로 나타낸다.

- **как нам одолеть большую зиму** : 우리가 어떻게 긴 겨울을 이겨낼 것인가? 의문 대명사＋동사원형의 구문에서는 нужно, надо, необходимо 등이 일반적으로 생략되어, '당위성'을 나타낸다.

- **одолеть её необходимо** : 긴 겨울을 이겨내야 한다. необходимо(반드시 ~해야한다)는 동사원형과 결합하고 의미상의 주체는 여격으로 표현된다.

- **чтобы вновь весной услышать гром** : 봄에 다시 천둥소리를 듣기 위해. чтобы… 목적절로 목적절의 주어가 주절의 주어 мы와 일치하므로, 술어는 동사원형 услышать로 표현된다. весной는 조격형태로 '봄에'를 나타낸다.

- **мы выходим вместе в снегопад** : 우리는 함께 눈 내리는 거리로 나간다.

- **четыре оттиска за нами, отпечатанные башмаками** : 우리

뒤에 반장화가 남겨놓은 네 개의 자취. за+조격은 '~뒤에'를 의미한다. 수사 **четыре**는 명사 생격 **оттиска**와 결합한다. **отпечатан-ные**(**отпечатать**의 피동 형동사 복수)는 **четыре оттиска**를 수식한다. 피동형동사에 의해 표현된 수동적 행위의 주체는 영어에서 by를 사용하는 것과 같이 조격(**башмаками**)으로 표현한다.

- **неотвязно следуя, следят…** : 끊임없이 뒤따라가고, 뒤따르면서 …**следуя**는 **следовать**의 부동사 현재형으로 동시에 일어난 행위를 나타낸다.

- **как ты метели рад!** : 얼마나 당신이 눈보라를 기뻐하는 지! **рад**(~에 기뻐하다)는 여격(**метели**) 또는 동사원형과 결합한다 : **Я рад вас видеть.**(당신을 만나서 기쁩니다)

- **занесло печальную дорогу** : 슬픈 길을 덮어버렸다. 무인칭문으로 자주 사용되는 동사구문.

- **заметет остаток понемногу** : 흔적을 조금씩 지워갈 것이다. 무인칭문으로 자주 사용되는 동사구문.

- **милостью отзывчивой судьбы** : 미련많은 운명에 대한 은총으로. 무인칭문의 조격 **милостью**는 '행위의 주체'를 나타낸다.

- **спасибо за подмогу!** : 도움에 감사합니다. 여기서 за+대격은 '댓가'(~에 대하여)의 의미를 표현한다.

1. 동사원형과 결합

'당위성' 을 나타내는 표현 다음에 동사원형이 온다.

> Нам необходимо одолеть зиму.
>
> (우리는 겨울을 이겨내야 한다)
>
> Мне нужно купить обувь.(나는 구두를 사야 한다)
>
> Ему надо учиться.(그는 배워야 한다)
>
> Я должен решить эту проблему.
>
> (나는 이 문제를 해결해야 한다)

'희망, 의향, 노력' 등을 의미하는 동사 다음에 동사원형이 온다.

> Я хочу пойти в театр.(나는 극장에 가고 싶다)
>
> Ей хочется спать.(그녀는 잠자고 싶어한다)
>
> Мы стараемся выполнить эту работу как возможно скорее.
>
> (우리는 이 업무를 가능한 빨리 수행하려고 노력 중이다)
>
> Он мечтает стать артистом.(그는 배우가 되기를 꿈꾼다)

동작동사 다음에 동사원형을 쓰면, 행위의 목적을 나타낸다.

> Я пойду в библиотеку взять книги.
>
> (나는 책을 빌리러 도서관에 갈 것이다)

2. 시간의 의미를 갖는 조격의 표현

조격이 시간의 의미를 표현한다.

> утро(아침) - утром(아침에)   весна(봄) - весной(봄에)
>
> день(낮) - днём(낮에)   лето(여름) - летом(여름에)
>
> вечер(저녁) -вечером(저녁에) осень(가을) -осенью(가을에)
>
> ночь(밤) - ночью(밤에)   зима(겨울) - зимой(겨울에)

3. 전치사 за의 '댓가' 의 표현

за + 대격은 '~에 대하여' 의 의미를 표현한다.

📼 Спасибо за подмогу.(도와주셔서 감사합니다)

Благодарю вас за тёплый приём.

(따뜻한 환대에 감사드립니다)

Извините за опоздание.(늦어서 죄송합니다)

Он награждён орденом за военные заслуги.

(그는 전쟁의 공적으로 훈장을 받았다)

Отец ругает сына за плохое поведение.

(아버지는 아들의 나쁜 행동에 대해 야단친다)

4. занести, замести동사의 무인칭문

두 동사는 무인칭문으로 자주 사용된다. 현재 시제에서 술어는 3인
칭 단수, 과거 시제에서 중성으로 나타난다. 행위의 주체는 조격으로
표현된다.

📼 Дорогу занесло снегом.(길을 눈이 덮어 버렸다)

Избу занесло снегом.(농가가 눈에 매몰되었다)

Дорогу замело снегом.(길을 눈이 덮어 버렸다)

Следы заметает снегом.(발자국이 눈에 덮혀 감춰진다)

노래에 실린 문화 이야기

… 엘레나 깜부로바 Елена Камбурова 에 대해…

60년대에 이미 그녀는 독특한 음색과 창법으로 러시아인들
을 사로잡았다. 성량이 풍부한, 거의 오페라 가수에 가까운 목
소리, 배우적 재능, 화려한 무대 매너와 소박한 그녀의 성격
등이 그녀를 더욱 매력적인 가수로 만들어주었다.

그녀는 레르몬또프, 블록, 쮸체프, 마야꼽스끼 등 유명한 시
인들의 시를 노래로 불렀다. "돛단배", "어릿광대놀음", "음악
가"를 비롯한 그녀의 수많은 노래가 지금도 많은 사랑을 받고 있다.

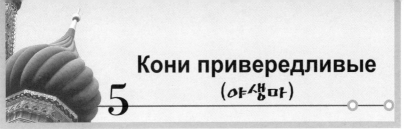

Кони привередливые
(야생마)

영화 "백야" 中에서

Из кинофильма "Белая ночь"

Муз.: В. Высоцкий
Сл.: В. Высоцкий
Исп.: В. Высоцкий

Вдоль обрыва, по-над про-па-стью, по са-мо-му по кра-ю, Я ко-ней

- своих на-гай-ко-ю сте-га-ю пого-няю,- Что-то

возду-ху мне мало, ветер пью - туман глотаю, Чую,

с ги бе ль ны-м вос тор-гом про-па-да-ю, про-па-да-ю! Чуть по-

-ме-дленнее, кони, чуть по-ме дле-нне е Вы ту-гу-ю не

слу-шай-те плеть Но что-то ко-ни мне по-па-лись

привередли-вы-е, И до-жить не успел, мне до-петь не ус

петь Я - коней напою, Я куп-лет до-по-ю,-

Хоть - немного ещё посто-ю на кра-ю!

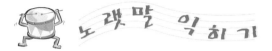

Кони привередливые

Вдоль обры́ва, по-над про́пастью, по са́мому кра́ю,
Я коне́й свои́х нага́йкою стега́ю-погоня́ю,-
Что́-то во́здуху мне ма́ло, ве́тер пью, тума́н глота́ю,
Чу́ю, с ги́бельным восто́ргом-пропада́ю, пропада́ю!

Чуть поме́дленнее, ко́ни, чуть поме́дленнее!
Вы тугу́ю не слу́шайте плеть!
Но что́-то ко́ни мне попа́лись привере́дливые,
И дожи́ть не успе́л, мне допе́ть не успе́ть!

Я коне́й напою́,
Я купле́т допою́,-
Хоть немно́го ещё постою́ на краю́!

Сги́ну я, меня́ пуши́нкой урага́н сметёт с ладо́ни
И в саня́х меня́ гало́пом повлеку́т по сне́гу у́тром,
Вы на ша́г неторопли́вый перейди́те, мои́ ко́ни!
Хоть немно́го, но продли́те путь к после́днему прию́ту!

Чуть поме́дленнее, ко́ни, чуть поме́дленнее!
Не ука́зчики вам - кнут и плеть.
Но что́-то ко́ни мне попа́лись привере́дливые,
И дожи́ть не успе́л, мне допе́ть не успе́ть.

Я коне́й напою́.

Я куплéт допою.
Хоть немнóго ещё постою на краю!...

Мы успéли-в гóсти к Бóгу не бывает опоздáний.
Так что ж там áнгелы поют такими злы́ми голосáми!
Или э́то колокóльчик весь зашёлся от рыдáний,
Или я кричу́ коня́м, чтоб не несли́ так бы́стро сáни?

Чуть помéдленнее кóни, чуть помéдленнее!
Умоля́ю вас вскачь не летéть.
Но чтó-то кóни мне попáлись привередливые,
Коль дожи́ть не успéл, так хотя́ бы допéть!

Я конéй напою.
Я куплéт допою.
Хоть немнóго еще постою на краю!...

절벽을 따라, 벼랑 위, 그 벼랑 끝을 따라
나는 말들을 채찍질하며, 몰고 있다.
왠지 숨이 가쁜 것 같아, 바람을 마신다, 안개를 들이쉰다
나는 느낀다, 죽음과 같은 환희를 – 나는 사라진다, 사라진다.

조금만 더 천천히, 말들아, 조금만 더 천천히!
너희들, 매서운 채찍의 말을 듣지 말아라!
웬 일로 야생마들이 우연히 내게로 왔으니,
더는 생명의 시간이 없다, 노래를 끝까지 부를 시간이 없다.

나는 말들을 먹이고,
내 노래를 끝까지 부르리라.

잠시라도 벼랑 끝에 더 서있으리라!

나는 사라진다, 폭풍이 나를 작은 솜털처럼 손바닥에서 쓸어 버리고,
아침에 눈길을 따라 나의 썰매를 끌고 가리.
너희들은 서두르지 말고, 한 걸음씩 옮겨가라, 나의 말들아!
조금이라도, 마지막 은신처 가는 길을 늦추어라!

조금만 더 천천히, 말들아, 조금만 더 천천히!
회초리와 채찍은 너희들의 지시자가 아니니.
웬일로 야생마들이 우연히 내게로 왔으니,
더는 생명의 시간이 없다, 노래를 끝까지 부를 시간이 없다.

나는 말을 먹이고,
내 노래를 끝까지 부르리라.
잠시라도 벼랑 끝에 더 서 있으리라!...

우리는 시간이 있다. 산에게 가는 길에 늦을 일은 없으니까.
그런데 거기 천사들이 적의에 찬 목소리로 노래를 부르는구나!
아니면 작은 방울이 말 울음소리에 감각을 잃은 것인지,
아니면 썰매를 그렇게 빨리 끌지 말라고, 내가 말들에게 소리치는 것인가?.

조금만 더 천천히, 말들아, 조금만 더 천천히!
너희들이 껑충 뛰어 날아가지 않기를 소원한다.
웬일로 야생마들이 우연히 내게로 왔으니,
더는 생명의 시간이 없다면, 노래라도 끝까지 부르리라.

나는 말을 먹이고,
노래를 끝까지 부르리라.
잠시라도 벼랑 끝에 더 서 있으리라!...

○ вдоль	(+생격) ~를 따라서
○ обрыв	절벽
○ пропасть	벼랑
○ край	끝, 가장자리
○ конь	말
○ нагайка	채찍
○ стегать	(불완료상) 채찍질하다
○ погонять	(불완료상) 몰다
○ что-то	왠지
○ воздух	공기
○ мало	적다
○ ветер	바람
○ пить	(불완료상) (пью, пьёшь : пьют) 마시다
○ туман	안개
○ глотать	(불완료상) 삼키다, 들이키다
○ чуять	(불완료상) 느끼다
○ гибельный	치명적인
○ восторг	환희
○ пропадать	(불완료상) 사라지다
○ чуть	조금
○ помедленнее	조금 더 천천히
○ тугой	딱딱한
○ слушать	(불완료상) 듣다
○ петь	(불완료상) (пою, поёшь : поют) 노래 부르다
○ попасться	(완료상) 우연히 만나다
○ привередливый	까다로운, 변덕스러운
○ дожить	(완료상) ~까지 살아남다
○ успеть	(완료상) ~할 시간이 있다

107

⊙ допеть	(완료상) 노래 부르는 것을 마치다
⊙ напоить	(완료상) 먹이다
⊙ куплет	풍자노래
⊙ хоть	비록 ~일지라도
⊙ немного	약간
⊙ постоять	(완료상) 잠시 서 있다
⊙ сгинуть	(완료상) 사라지다
⊙ пушинка	작은 솜털
⊙ ураган	폭풍
⊙ смести	(완료상) 쓸고가다
⊙ ладонь	손바닥
⊙ сани	(복수) 썰매
⊙ галоп	(말의) 구보
⊙ повлечь	(완료상) 끌고가다
⊙ снег	눈
⊙ утро	아침
⊙ шаг	걸음
⊙ неторопливый	서두르지 않는
⊙ перейти	(완료상) 지나가다
⊙ продлить	(완료상) 연장하다
⊙ путь	길
⊙ последний	마지막의
⊙ приют	은신처
⊙ указчик	지시자
⊙ кнут	채찍, 회초리
⊙ плеть	채찍
⊙ гость	손님
⊙ бог	신
⊙ бывать	(불완료상) 종종 ~있다
⊙ опоздание	지각
⊙ ангел	천사

○ злой	악한
○ голос	목소리
○ колокольчик	작은 방울
○ зайтись	(완료상) 감각을 잃다
○ рыдание	울음소리
○ кричать	(불완료상) 소리치다
○ нести	(불완료상) 가지고 가다, (말이) 나르다
○ быстро	빨리
○ умолять	(불완료상) 간청하다
○ вскачь	펄쩍 뛰어
○ лететь	(불완료상) 날다
○ коль	만일 ~라면
○ хотя	비록 ~일지라도

- **по-над пропастью** : 벼랑 위를 따라
- **по самому краю** : 바로 그 벼랑 끝을 따라. самый는 명사를 지시하며, '그 자체의, 바로 그'의 의미를 갖는다.
- **что-то воздуху мне мало** : 왠지 나는 공기가 부족하다. воздуху는 мало의 지배를 받으며, 부분 생격 형태이다.
- **с гибельным восторгом** : 죽을 것 같이 기쁘게.
- **чуть помедленнее** : 조금만 더 천천히. помедленнее는 медленный의 비교급 медленнее에 '조금'의 뜻을 갖는 접두사 по-를 부가하여 만들어졌다.
- **тугую не слушайте плеть!** : 딱딱한 채찍의 말을 듣지 말아라. 부정 명령문. 부정 명령은 불완료상을 사용한다(не слушайте). тугую плеть는 대격형.
- **кони мне попались привередливые** : 나는 우연히 야생마를 만났다.
- **дожить не успел, мне допеть не успеть** : 그대로 있을 시간이 없네, 노래를 끝까지 부를 시간이 없네. успеть 동사는 주로 완료상 동사원형과 결합하여 '~할 시간이 없다'를 의미한다.
- **хоть немного** : 잠시라도
- **ещё постою** : 더 서 있을 것이다. 접두사 по-는 '잠깐 동안'을 의미한다.
- **на краю** : 끝에서
- **с ладони** : 손바닥으로부터
- **галопом** : (말의) 구보로
- **на шаг** : 한 걸음씩
- **перейдите** : 옮겨가라. 완료상 동사 перейти의 명령형으로 지시적인 뉘앙스를 갖는다.
- **продлите** : 연장하여라. 완료상 동사 продлить의 명령형으로 지시적인 뉘앙스를 나타낸다.

- **путь к последнему приюту** : 마지막 은신처로 가는 길. путь＋к여격은 '~로 가는 길'을 나타낸다.
- **в гости к богу** : 신을 방문하다. в гости к кому는 '~의 손님으로 가다, 방문하다'의 표현이다.
- **не бывает опозданий** : 지각이란 없다. не бывает 다음에는 부정생격 опозданий가 온다.
- **ангелы поют такими злыми голосами!** : 천사들이 적의에 찬 목소리로 노래를 부른다. такими злыми голосами는 복수조격형태로 '양태적 의미'를 갖는다.
- **зашёлся от рыданий** : 말 울음소리 때문에 감각을 잃다. 전치사 от는 원인을 나타낸다.
- **я кричу коням, чтоб не несли так быстро сани** : 썰매를 그렇게 빨리 끌지 말라고 말들에게 소리친다. чтоб 목적절로 주절의 주어 (я)와 목적절의 주어 (кони)가 일치하지 않으므로 술어는 과거시제 (несли)로 표현된다.
- **умоляю вас вскачь не лететь** : 껑충 뛰어 날아나지 않도록 간청한다. умолять＋кого＋동사원형은 '~에게 ~를 간청하다'의 표현이다.
- **коль дожить не успел, так хотя бы допеть!** : коль, коли는 '만일 ~라면'의 의미를 갖는 접속사로 если와 같은 기능을 한다. 주로 문어체에 많이 사용된다. хотя бы는 '비록 ~할지라도, 하다못해 ~이라도'를 의미한다.

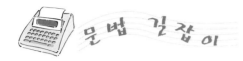

1. 동사 успеть/поуспеть에 대하여

успеть동사는 '허용된 시간 내에 ∼를 해내다'를 의미한다. 동사는
주로 완료상 동사와 결합한다

> Мы успели пообедать.
>
> (우리는 점심을 먹을 시간이 있었다)
>
> Я успел допеть.(나는 노래를 끝까지 부를 수 있었다)
>
> Он успел закончить работу до обеда.
>
> (그는 점심 전까지 일을 끝낼 수 있었다)

успеть동사는 전치사 на+대격 과 결합하여 '∼시간에 늦지 않게
대다'를 표현한다.

> они успели на поезд.
>
> (그들은 기차시간에 맞춰갈 수 있었다)
>
> Мы поуспеем на концерт.
>
> (우리는 음악회 시간에 늦지않게 갈 수 있다)

2. 양보의 표현

소사 хоть는 '비록 ∼라도'를 표현한다 : хоть раз(한번이라도),
хоть немного(약간이라도)

хоть와 хотя가 접속사로 사용되어 '비록 ∼일지라도'의 양보절을
만든다.

> Хотя у меня нет времени, я зайду к вам.
>
> (시간이 없을지라도, 당신에게 들리겠습니다)
>
> Хоть убей, не помню.(아무리 해도 생각이 나지 않는다)

3. 부분생격

주로 물질명사가 부분 생격형태를 가지며, '약간의'를 의미한다.

> Дайте мне чаю.(차를 조금만 주세요)

Мне мало воздуху.(나는 약간의 공기가 부족하다)
Я возьму кило сахару.(설탕 1kg을 사겠다)

4. 명령문에서 동사 상 사용

1) 불완료상 동사의 명령
  ① 행위의 시작을 재촉하는 명령
   Читайте! Рассказывайте! Что же вы остановились?
   Читайте дальше.
   얼른 읽으세요. 어서 말하세요. 왜 멈추었나요? 더 읽으세요.

  ② 행위의 성격을 바꿀 것을 요청하는 명령
   Читайте медленнее! 더 천천히 읽으세요.
   Говорите громче! 더 크게 말하세요.

  ③ 초청의 표현
   Проходите, раздевайтесь, садитесь, пожалуйста.
   들어오셔서, 겉옷을 벗고, 앉으세요.
   Приходите к нам сегодня обедать.
   우리 집에 오늘 식사하러 오세요.

2) 완료상 동사의 명령
  ① 일회적인 행위의 명령
   Дайте мне, пожалуйста, вашу ручку. 당신의 펜을 주세요.
   Возьмите ваши тетради. 당신 노트를 가져 가세요.
   Откройте книги. 책을 펴세요.

  ② (초청이나 정중한 명령의 표현이 아닌) 지시적인 뉘앙스를 갖는 명령
   Разденьтесь, пройдите в комнату, и сядьте.
   겉옷을 벗고, 방에 들어가 앉으시오.

노래에 실린 문화 이야기

… 블라지미르 브이소쯔끼(Владимир Высоцкий)에 대하여 …

모스크바에서 1938년에 출생하여, 1980년에 사망한 브이소쯔끼는 러시아의 시인이자, 가수이며, 배우였다. 1964년에 배우생활을 시작한 그는 20개 이상의 배역을 맡아서 열연하였다. 어린 시절부터 시를 쓰기 시작한 브이소쯔끼는 평생 600편 이상의 시와 노래를 썼는데, 그 중 많은 작품이 영화나 연극에 삽입되었다. 그는 서른 살 때 전도가 유망한 천재 시인, 아름다운 노래의 작곡가라는 소리를 들었다. 1989년에 출판금지되었던 그의 작품들이 세상의 빛을 보게되었고, 국가로부터 가장 명예로운 훈장을 받고, 뻬레스뜨로이까 시대의 시인으로 공식적으로 인정받게 되었다.

러시아에서는 그를 '최초의 진정한 대중적 시인, 저항시인, 진실한 서정시인, 민중의 목소리를 제대로 전달해주는 메아리'라고 일컫고 있다. 그처럼 생전에도 물론 유명했으나, 사후에 더욱 유명해진 예술가는 없었다. 또한 모든 민중에게 그들이 느끼는 고통, 분노, 슬픔의 대변자라는 인상을 줄만큼 광범위한 대중적 지지를 얻고 성공한 인물이 일찍이 없었다. 그래서 그가 세상을 떠난 지 20여 년이 지난 지금에도 모스크바에 자리잡은 그의 묘지에는 늘 신선한 꽃이 놓여있다. 그가 남긴 노래와 시는 러시아뿐만 아니라, 전 세계에서 변함없이 사랑을 받고 있다.

Песенка о медведях
(곰에 대한 노래)

영화 "까프까즈의 포로"中에서
Из кинофильма "Кавказская пленница"

Муз.: А. Зацепина
Сл.: Л. Дербенева
Исп.: А. Ведишева

Где-то на бе-лом све-те, Там, где всег-да мо - роз,

Трут-ся спи-ной мед - ве - ди, О зем - ну - ю ось,

Ми - мо плы-вут сто - лети - я, спят по-до льдом мо - ря,

Трут-ся об ось мед - ве - ди, вер - тит - ся Зем - ля.

Ля ля - ля - ля - ля - ля - ля,

Вер - тит - ся быст - рей Зем - ля.

Пе́сенка о медве́дях

Где-то на бе́лом све́те,
Там, где всегда́ моро́з,
Тру́тся спино́й медве́ди,
О земну́ю ось,
Ми́мо плыву́т столе́тия,
Спят подо льдом мо́ря,
Тру́тся об ось медве́ди,
Ве́ртится Земля́.

Припев:

Ля-ля-ля-ля-ля-ля-ля.
Ве́ртится бы́стрей Земля́.

Кру́тят они́, стара́ясь,
Ве́ртят земну́ю ось,
Что́бы влюблённым ра́ньше,
Встре́титься пришло́сь,
Что́бы одна́жды у́тром,
Ра́ньше на год иль два,
Кто-то сказа́л кому́-то,
Гла́вные слова́...

Припев

116

Вслед за весе́нним ли́внем
Ра́ньше придёт рассве́т.
И для дво́йх счастли́вых,
Мно́го-мно́го лет,
Бу́дут сверка́ть зарни́цы,
Бу́дет ручей звене́ть.
Бу́дет тума́н клуби́ться
Бе́лый, как медве́дь.

Припев

이 세상 어딘 가에,
항상 추운 그곳에,
곰들이 등을 비벼대고 있네.
지구축에 기대어,
수 백년이 흘러 지나가네.
바다 얼음 아래에 잠을 자고,
곰들이 축에 몸을 비벼대고 있네,
지구가 돌아가네.

후렴 :

랄-랄-랄-랄-랄-랄-랄
지구가 더 빨리 돌아가네.

그들이 열심히 돌리고 있네,
지축을 돌리고 있네.

이전에 사랑했던 사람들이
만나도록 하기 위해서,
어느날 아침에,
한 해나 두 해 먼저,
누군가가 누군가에게 말하게 하기 위해서,
중요한 말을...

후렴:

봄날의 폭우가 내린 바로 뒤에
새벽이 더 이르게 올 것이네.
그리고 행복한 두사람을 위해서,
오랜-오랜 시간 동안,
마른 번개가 번쩍일 것이고,
시냇물이 소리를 내고,
안개가 물결치겠지,
곰처럼 하얀.

후렴:

○ где-то	어딘 가에
○ белый	하얀
○ свет	세상
○ всегда	항상
○ мороз	혹한
○ тереться	(불완료상) (трусь, трёшься : трутся) 비벼대다
○ спина	등
○ медведь	곰
○ земной	지구의
○ ось	축
○ мимо	옆을 지나서
○ плыть	(불완료상) (плыву, плывёшь : плывут) 헤엄치다
○ столетие	백년, 1세기
○ спать	(불완료상) 자다
○ под	(+조격) ~아래에
○ лёд	얼음
○ море	바다
○ о	(+대격) ~향하여, 주위에
○ вертеться	(불완료상) 회전하다
○ земля	땅, 지구
○ быстрей	(비교급) 더 빨리
○ крутить	(불완료상) 돌리다
○ стараться	(불완료상) 노력하다
○ влюблённый	사랑하는 사람
○ раньше	이전에
○ встретиться	(완료상) 만나다
○ прийтись	(완료상) (무인칭문) ~해야만 한다
○ однажды	어느날에

год	년
иль	또는
кто-то	누군가
сказать	(완료상) 말하다
главный	중요한
слова	(복수) 말
вслед	뒤따라서
за	(+조격) ~뒤에
весенний	봄의
ливень	폭우
прийти	(완료상) 오다
рассвет	새벽
для	(+생격) ~를 위하여
двое	(집합수사) 두 명
счастливый	행복한
сверкать	(불완료상)반짝이다, 번쩍이다
зарница	마른 번개
ручей	시냇물
звенеть	(불완료상) 소리내다
туман	안개
клубиться	(불완료상) 소용돌이치다
как	~처럼

- **на белом свете** : 이 세상에. **на божем свете**와 같은 표현이다. '저 세상에서'의 표현은 **на том свете**이다.

- **там, где всегда мороз** : 항상 추운 그곳에. **где···** 관계대명사절.

- **трутся спиной медведи о земную ось** : 곰들이 등으로 지축에 비벼대고 있다. **тереться о** + 대격은 '~에 몸을 비벼대다'의 표현이다. **спиной**는 조격으로 '등으로'를 의미한다.

- **мимо плывут столетия** : 수백년이 흘러 지나간다.

- **подо льдом моря** : 바다 얼음 아래에서. **лёд**(얼음)는 격변화에서 출몰모음 ё가 탈락하고, ь이 나타난다. 중첩된 자음 앞에서는 전치사 **под**대신에 **подо**를 사용한다.

- **вертится быстрей Земля** : 지구가 더 빨리 돌아간다. **быстрей**는 비교급 형태로 **быстрее**와 같은 표현이다.

- **крутят они, стараясь** : 열심히 그들은 돌리고 있다. **стараясь**는 **стараться**(노력하다)의 부동사 현재형으로 동시에 일어난 행위를 나타낸다.

- **чтобы влюблённым раньше встретиться пришлось** : 이전에 사랑한 사람들이 다시 만나도록 하기 위해서. **чтобы** 목적절. **пришлось**(~해야만 했다, ~하게 되었다)는 동사원형(**встретиться**)와 결합하며, 의미상의 주체는 여격(**влюблённым**)으로 표현된다.

- **чтобы однажды утром раньше на год иль два, кто-то сказал кому-то, главные слова** : 어느날 아침에 한 해나 두 해 먼저 누군가가 누군가에게 중요한 말을 하도록 하기 위해서. **чтобы** 목적절로 술어는 **сказал**, 주어는 **кто-то**이다. **раньше**는 **ранний**(이른)의 비교급이다. 전치사 **на**는 비교급에서 정도의 차이를 의미한다.

- **вслед за весенним ливнем** : 봄의 폭우를 바로 뒤따라.

- **придёт рассвет** : 새벽이 올 것이다.

- **для двоих счастливых** : 행복한 두사람을 위해서.

- **много-много лет** : 오랜 세월 동안.

- **будут сверкать зарницы** : 마른 번개가 번쩍일 것이다. 불완료상

동사의 합성미래시제.
- **белый, как медведь** : 곰처럼 하얀. 여기서 как은 접속사로 '～처럼'의 의미를 갖는다. '얼음처럼 차가운'의 표현은 холодный, как лёд라고 한다.

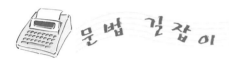

1. 비교급에 대하여

러시아어에서 형용사 비교급을 만드는 방법은 단순 비교급과 복합 비교급이 있다.

단순 비교급은 접미사 -ee, -ей를 붙여서 만든다. интересный(재미있는)의 비교급은 интереснéе(интересней)가 되고, быстрый(빠른)의 비교급은 быстрéе(быстрей)가 된다. 이때 강세는 접미사 -ee의 첫번째 -é에 떨어진다.

형용사가 г, к, х, 또는 д, т 등의 어간을 갖는 경우에는 접미사 -e를 붙여서 비교급을 만드는데, 자음전이가 일어나며 강세는 -e에 떨어지지 않는다.

> дорогой(친애하는) – дорóже
> яркий(선명한) – я́рче
> тихий(고요한) – ти́ше

복합 비교급에서 우등비교는 бóлее를, 열등비교는 мéнее를 붙여 만든다.

> интересный(재미있는) – 우등비교급 : бóлее интересный
> (더 재미있는)
> 열등 비교급 : мéнее интересный
> (덜 재미있는)

비교급 구문에서 '～보다'를 표현할 때는 чем+주격, 또는 생격을 사용한다.

> 📻 Он старше, чем я.(그는 나보다 나이가 더 많다)
>
> Он старше меня.

2. 전치사 на에 대하여

1) 장소의 의미(~위에, ~에서), 교통수단의 의미 : 전치격과 결합	Книга на столе. (책이 책상 위에 있다) Она живёт на острове. (그녀는 섬에 산다) Он едет на поезде. (그는 기차를 타고 간다)
2) 방향의 의미(~위로, ~로) : 대격과 결합	Она вышла на улицу. (그녀는 거리로 나갔다)
3) 시간의 의미 : 대격, 전치격과 결합	На другой(следующий) день (다음 날에) На этой неделе(이번 주에) На праздниках(경축일에)
4) 예정된 시간의 의미 : 대격과 결합	Он уехал в деревню на лето. (그는 여름동안 시골에 머물려고 떠났다)
5) 용도, 목적의 의미: 대격과 결합	Магазин закрыт на ремонт. (상점은 수리를 위해 문을 닫았다) Мне нужна комната на двоих. (나는 이인실이 필요하다) Я хочу подарить это на память. (기념으로 이것을 선물하고 싶다)
6) (비교급)정도의 차이 의미 : 대격과 결합	Он старше, чем я (меня) на три года. (그는 나보다 세 살 더 많다) Раньше на год иль два года. (일년이나 이년 더 먼저)

4. -ся동사의 재귀성에 대하여

소사 -ся가 붙은 동사는 재귀성, 수동성, 상호성 등의 의미를 갖는데, 여기서는 행위가 행위 수행자 자신에게로 돌아오는 재귀성을 갖는 -ся동사를 소개한다.

Я мою себя. …Я моюсь. (나는 씻는다)

Он купает себя. …Он купается. (그는 목욕한다)

Она одевает себя. …Она одевается. (그녀는 옷을 입는다)

Земля вертит себя. …Земля вертится. (지구는 자전한다)

5. приходиться / прийтись + 동사원형 구문에 대하여

동사 приходиться / прийтись + 동사원형 구문은 무인칭문으로 '~하지 않으면 안된다, ~하게 되다'를 의미하며, 의미상의 주체는 여격으로 표현된다.

Им не приходится так делать.

(그들은 그렇게 해선 안된다)

Ему придётся заплатить.

(그는 돈을 지불하지 않으면 안 될 것이다)

Нам пришлось уехать. (우리는 떠나야만 했다)

Влюблённым пришлось встретиться.

(사랑하는 사람들은 만나야만 했다)

3부

대중가요와 로망스

Миллион алых роз
(백만 송이 붉은 장미)

Муз.: Р. Паулс
Сл.: А. Вознесенский
Исп.: А. Пугачёва

Жил-был худо-жник один,   До-мик имел и холсты,

Но он актри-су любил,   Ту, что люби-ла цветы.

Он тогда продал свой дом,   Про-дал кар-ти-ны - и кров

И на все день-ги купил   Цел-о-е мо-ре - цветов.

Миллион, миллион, миллион ал-ых роз   Из окна, из окна, из окна видишь ты

Кто влюблён,   кто влюблён,   Свою жизнь   превра-тит
  кто влюблён,   и всерьёз,   для тебя   в цве-ты

Миллио́н а́лых роз

Жил-был худо́жник оди́н,
До́мик име́л и холсты́,
Но он актри́су люби́л,
Ту, что люби́ла цветы́.

Он тогда́ про́дал свой дом,
Про́дал карти́ны и кров
И на все де́ньги купи́л
Це́лое мо́ре цвето́в.

У́тром ты вста́нешь у окна́.
Мо́жет, сошла́ ты с ума́
Как продолже́ние сна,
Пло́щадь цвета́ми полна́.
Похолоде́ет душа́
Что за бога́ч здесь чуди́т
А под окно́м чуть дыша́,
Бе́дный худо́жник стои́т.

Встре́ча была́ коротка́,
В ночь её по́езд увёз,
Но в её жи́зни была́
Пе́сня безу́мная роз

Про́жил худо́жник оди́н,
Мно́го он бед перенёс.
Но в его́ жи́зни была́
Це́лая пло́щадь цвето́в.

припев:
Миллио́н, миллио́н, миллио́н а́лых роз,
Из окна́, из окна́, из окна́ ви́дишь ты,
Кто влюблён, кто влюблён, кто влюблён и всерьёз,
Свою́ жизнь для тебя́ преврати́т в цветы́

먼 옛날에 한 화가가 살았었지.
가진 것이라고는 작은 집과 캔버스뿐.
그 화가는 꽃을 몹시도 좋아하는
여배우를 사랑했다네.

그때 그는 자기 집을 팔았지.
그림도 팔고 살 집도 팔고.
그 돈으로 바다 만큼이나 많은 꽃을 샀어.

아침에 너는 창가에 서서 넋이 나가겠지.
꿈을 꾸고 있는게 아닌가라는 생각을 할거야.
광장이 꽃으로 가득 차있으니...
정신을 차리면서 생각하겠지.
도대체 어떤 부자가 여기를 이렇게 해놨을까?
그런데 창문 아래에는 가난한 화가가
숨도 쉬지 못하고 서있었다네.

만남은 짧았고,
밤기차는 그녀를 머나먼 곳으로 데려갔지.
하지만 그녀의 삶에는
황홀한 장미의 노래가 있었다네.

화가는 혼자 살았지.
아주 불행하게…
하지만 그의 삶은
꽃으로 가득찬 광장과 같았어.

후렴:

백만송이, 백만송이, 백만 송이 붉은 장미.
창문에서, 창문에서, 창문에서 너는 보겠지.
사랑에 빠진 사람이, 사랑에 빠진 사람이,
사랑에 빠진 사람이
너를 위해 자신의 삶을 꽃으로 바꾼 것을…

жил-был	(옛날에) 살았다
художник	화가
один	1, 어떤
домик	작은 집 (дом + 지소형접미사 – ик)
иметь	(불완료상) 소유하다
холсты	캔버스
актриса	여배우
любить	(불완료상) 사랑하다
цветы	꽃
тогда	그때
продать	(완료상) 팔다
картина	그림
кров	집
деньги	돈
купить	(완료상) 사다
целый	전체의
море	바다
встать	(완료상) 일어나다
окно	창문
сойти с ума	미치다
продолжение	계속
сон	꿈
площадь	광장
полный	(+ 조격) ~로 가득찬
похолодеть	(완료상) 차가워지다
душа	영혼
богач	부자

○ чудить	(불완료상) 기이한 행동을 하다
○ чуть	겨우
○ дышать	(불완료상) 숨쉬다
○ стоять	(불완료상) 서다
○ встреча	만남
○ короткий	짧은
○ ночь	밤
○ поезд	기차
○ увезти	(완료상) 데리고 떠나다
○ жизнь	인생
○ песня	노래
○ безумный	미친
○ роза	장미
○ прожить	(완료상) 살다
○ беда	불행
○ перенести	(완료상) 겪다
○ миллион	백만
○ алый	붉은
○ влюблённый	사랑에 빠진
○ превратить	(완료상) 변화시키다

노랫말 표현 떠리잡기

- **художник один** : 여기서 один은 '어떤'의 의미를 갖는 부정(不定) 대명사로 사용되었다.
- **цветы** : '꽃'을 의미할 때는 항상 복수로 사용된다. 단수일 때는 цветок을 사용한다. цвет는 '색깔'을 의미한다. 단복수에 따라 의미가 달라지는 경우가 있다. 예를 들면, интерес(관심) – интересы(이익),

отношение(태도) – отношения(관계) 등이 있다.

- **продал** : 완료상 동사 **продать**의 과거 남성형으로 행위의 결과를 나타낸다.

- **на все деньги** : 모든 돈으로.

- **купил** : 완료상 동사 **купить**의 과거 남성형으로 행위의 결과를 나타낸다.

- **утром** : утро의 조격으로 '아침에'를 나타낸다. 아침(утро), 점심(день), 저녁(вечер), 밤(ночь)은 조격을 써서 시간의 의미를 나타낸다 : утром, днём, вечером, ночью.

- **встанешь** : 완료상 동사 встать의 2인칭 단수 미래시제.

- **сошла ты с ума** : '정신이 나가다'라는 표현으로 **выйти с ума**와 함께 사용된다.

- **цветами полна** : '꽃으로 가득찬'의 표현으로 **полна**는 **полный**의 단어미 여성형으로 조격을 지배한다.

- **коротка** : 형용사 **короткий**의 단어미 여성형이다. 형용사 단어미 형태는 서술적 용법으로만 사용되며, 일시적인 상태, 상황을 표현한다.

- **прожил** : 접두사 **про-**는 '일정기간'을 의미한다. 완료상 동사의 과거 남성형으로 행위의 완료를 의미한다.

- **много бед перенёс** : перенести много бед는 '많은 어려움을 겪다'를 의미한다. много(많은) 다음에는 беда의 복수생격 бед가 사용된다. 가산명사일 경우 복수생격이, 불가산명사일 경우 단수생격이 온다. 비교) много денег(많은 돈) – много времени(많은 시간)

- **Миллион, миллион, миллион алых роз** : 백만송이의 붉은 장미. миллион 다음에는 복수생격형태의 형용사와 명사가 온다.

- **свою жизнь превратит в цветы** : 자신의 삶을 꽃으로 바꾸다. '~를 ~로 바꾸다'라는 표현을 할 때, **превращать/превратить что во что**를 사용한다.

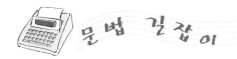

1. 지시 대명사 тот에 대하여 : тот, та, то, те는 수식어의 기능을 하며, 성, 수, 격에서 피수식어와 일치한다. 복문에서도 사용된다.

주어로 사용	Кто не работает, тот не ест. (일하지 않는 자는 먹지를 마라)
술어로 사용	Хозяин-тот, кто трудится. (주인은 힘들여 일한 사람이다)
보어로 사용	Я принёс то, что ты просил. (네가 부탁한 것을 가져왔다)
정어로 사용	Дай мне ту книгу, которую я просил. (부탁한 책을 내게 줘)

2. любить동사의 사용

이 동사는 빈도수가 아주 높은 동사로, 원활한 의사소통을 위하여 반드시 숙지해야할 동사이다. 이 동사는 대격, 동사원형과 결합한다.

아이를 사랑한다	я	люблю	детей
예술을 사랑한다	ты	любишь	искусство
꽃을 사랑한다	он/она	любит	цветы
테니스치는 것을 좋아한다	мы	любим	играть в теннис
독서를 좋아한다	вы	любите	читать книги
음악감상을 좋아한다.	они	любят	слушать музыку

3. 전치사의 용법

под(＋조격) : '~아래에서'	под окном(창문 아래)
	под деревом(나무 아래)
из(＋생격) : '~로 부터'	из окна(창문으로 부터)
	из Москвы(모스크바로 부터)

для(+생격) : '~를 위하여'	для тебя(너를 위하여)
	ящик для чая(차상자)

4. 부동사 현재형

부동사 현재형은 영어의 현재분사처럼 동시에 일어나는 행위 및 상태를 의미한다.

부동사 현재형은 불완료상 동사 3인칭 복수형 어간, 또는 동사어간에 -а/-я를 붙인다.

говорить : говор-ят -- говоря

Он смотрит телевизор, говоря маме.

그는 엄마에게 말하면서, 텔레비젼을 보고 있다.

читать : чита-ют -- читая

Она сидит под деревом, читая книгу.

그녀는 책을 읽으며, 나무 아래 앉아있다.

дышать : дыш-ат -- дыша

Он стоит, чуть дыша.

그는 겨우 숨을 쉬며, 서있다

5. 수사의 사용법

수사와 명사의 결합에서 1 다음에는 단수 주격, 그리고 2, 3, 4 다음에는 단수생격 형태의 명사가 온다. 5이상의 수 다음에는 복수생격 형태의 명사가 온다. 수사의 명사 지배관계에서 흥미로운 것은 끝자리 수가 무엇이냐에 따라 명사의 격형태가 결정되는 것이다. 2이상의 수사 다음에 오는 형용사는 복수생격형태를 취한다.

수 사	형용사	명 사
1	1일 경우 : 단수 주격	단수주격
(끝자리가 1로 끝	(один)　　новый	стол
나는 모든 수)	끝자리가 1인 수 : 복수생격	
	(21)　　новых	стол

135

2 3 4 (끝 자리가 2,3,4로 끝나는 모든 수)	복수생격 НОВЫХ	단수생격 стола
5이상의 모든 수 (11,12,13,14 포함)	복수생격 НОВЫХ	복수생격 СТОЛОВ

노래에 실린 문화 이야기

······ "백만송이 장미" 노래에 대하여 ······

이 노래는 러시아에서 대중의 큰 인기를 얻으면서 큰 성공을 거두었다. 우리나라에서도 심수봉, 임주리 등의 가수가 "백만송이 장미"라는 타이틀로 가사를 바꾸어 불러 대중의 사랑을 받았다.

작사는 유명한 시인 Андрей Вознесенский가 했고, 작곡은 재능있는 작곡가 Раймонд Паулс가 했다. 가수이자 배우인 Алла Пугачёва가 노래를 하였다. 그녀의 "백만송이 장미"노래가 끝난 후에 무대가 팬들이 선사한 장미꽃으로 가득 찼다는 일화는 특히 인상적이다.

이 노래는 실제로 가난한 화가 Нико Пиросман의 사랑을 노래한 것이다. 그는 그루지야의 뜨빌리시의 화가였는데, 그 도시에 사는 가난한 여가수 Маргарита를 사랑하였다. 어느날 아침에 그녀는 자신의 집 앞 광장이 꽃으로 가득한 것을 보게된다.

그들의 사랑은 각양각색으로 회자되었지만, 결말은 한결같았다. 그녀가 부자남편을 만나서, 그 도시를 떠나는 것이다. 혼자 남게된 화가의 슬픈 사랑이야기가 "백만송이 장미" 노래로 탄생하게 되었다.

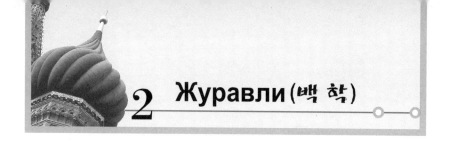

2 Журавли (백학)

Муз.: Я. Френкель
Сл.: Р. Гамзатов
Исп.: И. Ковзон

А...

Мне кажется порою, что солдаты, С кро-

вавых не пришедшие полей, Не в землю нашу полегли когда-

то А превратились в белых журавлей. О-

ни до сей поры с времён тех дальних Летят и подают нам голо-

са. Не потому ль так часто и печально Мы замол-

каем, глядя в небеса

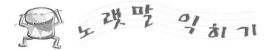

Журавли

Мне ка́жется поро́ю, что солда́ты,
С крова́вых не прише́дшие поле́й,
Не в зе́лмю на́шу полегли́ когда́-то,
А преврати́лись в бе́лых журавле́й.

Они́ до сей поры́ с времён тех да́льних
Летя́т и подаю́т нам голоса́.
Не потому́ ль так ча́сто и печа́льно
Мы замолка́ем, гля́дя в небеса́.
Лети́т, лети́т по не́бу клин уста́лый,
Лети́т в тума́не, на исхо́де дня.
И в том строю́ есть промежу́ток ма́лый,
Быть, мо́жет, э́то ме́сто для меня́.
Наста́нет день, и с журавли́ной ста́ей
Я поплыву́ в тако́й же си́зой мгле,
Из-под небе́с по-пти́чьи отклика́я
Всех вас, кого́ оста́вил на земле́.

Мне ка́жется поро́ю, что солда́ты,
С крова́вых не прише́дшие поле́й,
Не в зе́млю на́шу полегли́ когда́-то,
А преврати́лись в бе́лых журавле́й.

나는 이따금 생각을 하곤 하지.
피로 물든 들판에서 돌아오지 않는 병사들이
우리 땅 어딘 가에 누워있지 않고,
백학이 되어버린 것이 아닌 가를.

그 먼 옛날부터 지금까지
그들은 하늘을 날면서 우리에게 목소리를 들려주는 것이 아닌지.
그 때문에 우리가 그토록 자주 슬프게
하늘을 바라보면서, 침묵하는 것이 아닐까.
하늘을 계속 날고 있는 백학 떼,
해질 무렵 안개 속에서 날개 짓을 하며...
그 백학 떼 속에 작은 빈 공간,
아마도 그것은 나를 위한 자리일지니.
날이 밝으면, 나는 백학 떼와 함께
회청색의 안개 속에서 헤엄치리라.
이 땅에 남겨둔 당신들을
하늘에서 새처럼 부르면서.

나는 이따금 생각을 하곤 하지.
피 흘리는 들판에서 돌아오지 않는 병사들이
우리 땅 어딘 가에 누워있지 않고,
백학이 되어버린 것이 아닌 가를.

🔵 казаться	(불완료상) ~처럼 여겨지다
🔵 порою	가끔
🔵 солдат	군인
🔵 с	(+생격) ~로부터
🔵 кровавый	피투성이의
🔵 пришедший	(прийти의 형동사 과거형) 도착하였던
🔵 поле	들판
🔵 земля	땅
🔵 полечь	(완료상) 눕다
🔵 когда-то	언젠가
🔵 превратиться	(완료상) ~로 변하다
🔵 белый	하얀
🔵 журавль	백학
🔵 до	(+생격) ~까지
🔵 время	시간
🔵 дальний	먼
🔵 лететь	날다
🔵 подать	(완료상) 내놓다
🔵 голос	목소리
🔵 потому	때문에
🔵 ль	의문소사
🔵 так	이렇게
🔵 часто	자주
🔵 печально	슬프게
🔵 замолкать	(불완료상) 침묵하다
🔵 глядеть	(불완료상) 바라보다
🔵 небо	하늘
🔵 клин	쐐기

○ усталый	지친
○ туман	안개
○ строй	대열
○ есть	(불완료상) 있다
○ промежуток	간격
○ малый	작은
○ настать	(완료상) (때, 계절 등이) 오다
○ журавлиный	백학의
○ стая	무리
○ поплыть	(완료상) 헤엄치다
○ сизый	회청색의
○ мгла	안개
○ из-под	(+생격) ~아래쪽으로부터
○ по-птичьи	새처럼
○ откликать	(불완료상) 소리내어 부르다
○ оставить	(완료상) 남겨놓다
○ на	(+전치격) ~위에

Троицкий собор

- **мне кажется, что** : ~인 것 같다

- **с кровавых полей** : 피 흘린 들판으로부터

- **полегли** : полечь(눕다)의 과거 복수형으로 солдаты에 일치함. 이 동사는 방향을 나타내는 표현 **в землю нашу**와 결합한다.

- **превратились в белых журавлей** : 백학으로 변하였다. превратиться из чего во что ~에서 ~로 변하다

- **до сей поры** : 지금까지

- **с времён тех дальних** : 먼 옛날부터

- **подают голоса** : 목소리를 내다

- **не потому ль** : 그 때문이 아닐까?

- **глядя в небеса** : 하늘을 바라보면서. глядеть의 부동사 현재형. глядеть는 в, на кого, что와 결합하여 '~를 주시하다'를 의미한다

- **летит по небу** : 하늘을 날다

- **в тумане** : 안개 속에서

- **на исходе дня** : 해질 무렵

- **в том строю** : 그 대열 속에. строю는 строй의 특수 전치격 형태이다. 특수 전치격은 단음절 단어에서 주로 나타난다.
  🔤 в лесу(숲에서), в саду(정원에서)

- **быть может** : может быть는 '어쩌면'의 추측의 의미를 나타낸다. 강조를 위해 어순도치.

- **настанет день** : 날이 밝을 것이다. 전체 문장이 새로운 정보를 전달하는 문장이므로, 어순이 「동사+주어」가 되어야한다.

- **журавлиная стая** : 백학떼

- **в такой же сизой мгле** : 회청색의 안개 속에서

- **из-под небес** : 하늘 아래로부터

- **откликая** : откликать의 부동사 현재형

- **всех вас, кого** : всех вас(당신들 모두)는 선행사이고, кого -절은 всех вас를 수식하는 관계대명사절이다. оставил동사의 지배를 받아 кто는 대격 кого가 되었다.
- **на земле** : 땅위에

Успенский собор. Владимир

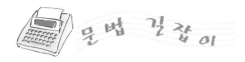

1. 능동형동사 현재, 과거만들기

◆능동형동사 현재 : 능동형용사는 능동적 의미를 갖고, 형용사와 동사의 기능을 수행한다. 즉 능동형동사는 명사를 수식할 수 있으며, 목적어를 취할 수 있다. 동사현재시제 3인칭 복수어간에 능동형동사 현재접미사를 붙인다.

> 책을 읽는 소년
> мальчик, читающий книгу
> 러시아어를 공부하는 학생들
> студенты, русский язык

동사	능동형 현재 접미사	
1식 변화	-ущ- (учущий)	-ющ- (читающий)
2식 변화	-ащ- (кружащий)	-ящ- (говорящий)

◆능동형동사 과거 : 동사미정형 어간에 능동형동사 과거접미사를 붙인다.

동사	능동형 과거 접미사
미정형 어간이 모음으로 끝났을 경우	-вш- (читавший)
미정형 어간이 자음으로 끝났을 경우	-ш - (нёсший) (*불규칙 : пришедший)

2. 전치사의 용법

с (+생격)	~로부터	с утра(아침부터) с детства(어린 시절부터)
до (+생격)	~까지, ~전에	до войны(전쟁 전에) до вечера(저녁 전까지)
по (+여격)	~를 따라서	идти по улице(거리를 걷다) гулять по полю(들판을 산책하다) лететь по небу(하늘을 날다)
из-под (+생격)	~아래로 부터	из-под стола(책상 밑으로 부터) из-под Москвы (모스크바 아래 쪽으로 부터)
в (+전치격)	~안에	в центре города(시내에서) в комнате(방안에서)
на (+전치격)	~위에	на столе(책상 위에) на диване(소파 위에) на земле(지상에)

Ансамбль церквей в Суздале

··· "백학"의 시인 라술 감자또프 Расул Гамзатов 에 대하여 ···

1923년 9월 다게스딴 지방에서 태어난 감자또프는 다게스딴의 민족시인이다. 그는 교사생활을 거쳐 1945~50년에는 모스크바 소재 고리끼 문학대학에서 수학한다. 1937년부터 작품발표를 시작하여 1943년에는 첫번째 시모음집 "불같은 사랑과 뜨거운 증오"를 출간하였다.그의 대표적인 시 작품으로는 "나의 대지", "우리 산하", "형에 대한 이야기", "다게스딴의 봄", "아버지와의 대화", "나의 출생년도"(소비에뜨 국가문학대상 수상작), "산에서 내 마음", "드높은 저 별들" 등이 있다.

감자또프 시의 특징은 민감한 그의 감수성이 잘 표현된 대상의 신선함이다. 그리고 그의 시는 고향의 자연과 핏줄에 대한 애정, 인간의 삶에 대한 깊고도 날카로운 직관력을 보여준다.

드라마 "모래시계"의 주제곡으로 삽입되면서 한국인들의 사랑을 받게된 "백학"(원제 : 학들)은 전쟁을 소재로 한 서정시에 해당된다. 소비에뜨 상황에서 어울리기 힘든 전쟁과 서정성의 모티브를 감자또프는 조화롭게 결합시켰다. "백학"은 반전적인 성격을 띤다. 하늘을 날고 있는 학의 떼를 바라보는 아픔과 고뇌를 잔잔하고도 깊은 마음으로 표현하고 있다. 이와 같은 정서가 우리 한국인의 한과 일맥 상통하는 부분이 있기에, "백학"의 아름다운 노랫말과 애잔한 멜로디가 우리에게 깊은 감동을 주는 것이다.

Последняя встреча
(마지막 만남)

3

Муз.: В. Левашов
Сл.: В. Крутецкий
Исп.: А. Герман

Вот и всё. По-следня-я встре - ча.

Вот и всё. Де-ревья как све - чи. До-го-

рит их листва и у - тихнет их дрожь. И

огонь зо-лотой не вер-нёшь, не вернёшь.

Ес - ли ве - р - нё - т, то лю - бовь сго - рит,

И лишь горь - кий дым про-плы-вёт.

Ско-ро пер-вый снег - твой по-сле - дний след За-ме-

тёт, за - ме-тёт.

147

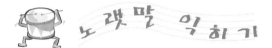

Последняя встреча

Вот и всё. Послéдняя встрéча.
Вот и всё. Дерéвья как свéчи.
Догорит их листвá и утихнет их дрожь.
И огóнь золотóй не вернёшь, не вернёшь.
Éсли вернёт, то любóвь сгорит,
И лишь гóрький дым проплывёт.
Скóро пéрвый снег твой послéдний след
Заметёт, заметёт.

Вот и всё. Послéдняя пéсня.
Вот и всё. Не быть уж нам вмéсте.
Шли дожди, пáдал град, и настáл срок, настáл-
Соловьиный наш сад запылáл, запылáл.
Éсли вернёт, то любóвь сгорит,
И лишь гóрький дым проплывёт.
Скóро пéрвый снег твой послéдний след
Заметёт, заметёт.

모든 게 끝났어. 마지막 만남이야.
모든 게 끝났어. 양초 같은 나무들.
다 타버린 나뭇잎과 잠잠해진 나뭇잎의 떨림.
황금빛 불꽃을 되살리지 못하고, 되살리지 못하였으니.
불꽃을 되살릴 수 있다면, 사랑은 불타오를텐데.
쓰디쓴 연기만이 떠다닐 뿐.
곧 첫 눈이 오면, 너의 마지막 자취를
쓸고 가겠지, 쓸고 가겠지.

모든 게 끝났어. 마지막 노래야.
모든 게 끝났어. 이제 함께 있지 못하는 우리들.
비가 내렸고, 우박이 떨어졌고, 시간이 다가왔지, 다가왔어 .
우리의 꾀꼬리 정원이 불타기 시작했고, 불타기 시작했으니.
불꽃을 되살릴 수 있다면, 사랑은 불타오를텐데.
쓰디쓴 연기만이 떠다닐 뿐.
곧 첫 눈이 오면, 너의 마지막 자취를
쓸고 가겠지, 쓸고 가겠지.

⊙ последний	마지막의
⊙ встреча	만남
⊙ деревья	나무 (**дерево**)의 복수
⊙ как	어떻게, ~처럼
⊙ свеча	양초
⊙ догореть	(완료상) 다타버리다
⊙ листва	(집합명사) 나뭇잎
⊙ утихнуть	(완료상) 조용해지다
⊙ дрожь	떨림
⊙ огонь	불꽃
⊙ золотой	황금의
⊙ вернуть	(완료상) 되돌리다
⊙ если	만약 ~라면
⊙ любовь	사랑
⊙ сгореть	(완료상) 다타버리다
⊙ лишь	다만 (**только**)
⊙ горький	쓴
⊙ дым	연기
⊙ проплыть	(완료상) 헤엄치다
⊙ снег	눈
⊙ след	자취
⊙ замести	(완료상) 쓸고가다
⊙ песня	노래
⊙ падать	(완료상) 떨어지다
⊙ град	우박
⊙ настать	(완료상) (계절, 때 등이) 오다
⊙ срок	시기
⊙ соловьиный	꾀꼬리의

○ сад 　　　　　　　　　　정원
○ запылать 　　　　　　　(완료상) 타기 시작하다

- **деревья как свечи** : 양초와 같은 나무들.
- **огонь золотой не вернёшь** : 황금빛 불꽃을 되살리지 못하였으니 (보편 인칭문).
- **если вернёт, то любовь сгорит** : (불꽃을) 되살리면, 사랑은 타오를 것이다. 조건문(만일 ~한다면, ~할 것이다).
- **не быть уж нам вместе** : 이제 우리는 함께 있을 수 없다. 동사원형 구문에서 의미상의 주체는 여격 (**нам**)으로 표현된다.
- **шли дожди, падал град, настал срок** : 비가 왔고, 우박이 내렸고, 시간이 다가왔다. 문장 전체가 새로운 정보이므로, 동사+주어의 어순을 갖는다.
- **запылал** : 불타기 시작하다. 접두사 **за-**는 시작을 의미한다. запылал костёр 모닥불이 타기 시작하다.

1. идти 동사에 대하여

이 동사는 단순히 '걸어가다'라는 동작동사의 의미 뿐만 아니라, 다양한 의미를 실현시킨다. идти 동사와 주로 결합하는 명사를 함께 기억해두면, 자주 사용되는 중요한 표현을 자유롭게 구사할 수 있다.

1) 걸어가다	Он идёт пешком.(그는 걸어서 간다) Куда ты идёшь?(너는 어디로 가니?)
2) (사람, 차, 선박 등이) 오다	Автобус идёт.(버스가 온다) Весна идёт.(봄이 온다)
3) (상품, 우편물 등이) 오다, 가다	Письма шли с большим опозданием. (편지가 늦게 도착했다) Сырьё идёт из-за границы. (원자재가 해외에서 들어온다)
4) (비, 눈 등이) 오다	Идёт снег.(눈이 온다) Шёл дождь.(비가 왔다)
5) (시간이) 경과하다	Сколько дней идёт письмо от Сеула до Москвы? (서울에서 모스크바까지 편지가 몇일 걸립니까?)
6) (기계가) 작동하다	Мотор идёт хорошо.(모터가 잘 작동한다) Часы идут точно.(시계가 정확하게 움직인다)
7) 진행되다, 행해지다 (상영, 공연되다)	Как идут ваши дела? (당신 일이 어떻게 진행되고 있나요?) Этот фильм сейчас идёт. (이 영화는 지금 상영 중이다)
8) 어울리다, 적합하다	Этот цвет очень идёт вам. (이 색깔이 당신에게 잘 어울립니다)

2. 조건문(если, то)

러시아어에서 조건문을 만들 때 접속사 **если**와 **то**를 사용한다. 조건문에서 **то**는 생략 가능하다.

> 네가 온다면, 나는 나가겠다.
> **Если ты придёшь, то я уйду.**
> 네가 원하지 않는다면, 우리는 이 일을 하지 않을 것이다.
> **Если ты не хочешь, то мы не сделаем это.**
> 불꽃을 되돌릴 수 있으면, 사랑은 불타오를텐데.
> **Если вернёт огонь, то сгорит любовь.**

3. 러시아어의 어순

러시아어의 어순은 다른 언어에 비해 자유롭다고 말한다. 일정한 틀에 매이지 않고, 보편적으로 화자가 전달하고자 하는 내용이나 강조하고 싶은 내용을 문장 뒤에 둔다. 다음의 질문과 답변을 살펴보면 러시아어의 어순이 쉽게 이해될 것이다.

> -Кто ты?   너는 누구니?
> -Я студент.   나는 대학생이다.
> -Где вы работаете?   당신은 어디에서 일합니까?
> -Я работаю в фирме.   나는 회사에서 일합니다.

위의 예를 통해 화자가 전달하고자 하는 새로운 정보(**рема**)가 문장 뒤에 옴을 알 수 있다.

그런데 문장전체가 새로운 정보가 되는 경우가 있다.

이 경우에는 「술어＋주어」의 어순이 된다.

> -Шёл дождь.   비가 왔다.
> -Идёт снег.   눈이 온다.
> -Настал срок.   때가 왔다.

노래에 실린 문화 이야기

······ 안나 게르만 Анна Герман에 대하여 ······

로망스를 부른 많은 여가수들이 있지만, 안나 게르만은 아름다운 목소리와 음악의 깊이 면에서 "러시아 로망스의 대명사"라고 자리 매김 하기에 전혀 손색이 없다. 지질학을 전공하던 그녀가 우연히 친구에게 끌려 무대에 서게 된 것이 그녀의 인생의 대전환기가 되었다. 몇 달 후 국제 가요제에서 최고상을 받으면서 그녀는 본격적인 그녀의 음악인생을 시작하게 된다. 그녀는 "가을의 노래", "마지막 만남", "정원에 꽃이 필 때", "빛나라, 빛나라, 나의 별이여" 등 수 많은 주옥과도 같은 노래를 불렀다.

그녀는 맑고 부드러운 음색과 풍부한 성량으로 러시아 로망스를 더욱 아름다운 장르로 승화시켰다. 또한 그 유명한 백만송이 장미의 가수 알라 뿌가쵸바의 음악세계에도 지대한 영향을 끼쳤다고 한다. 안나 게르만은 1980년대에 세상을 떠났지만, 현재도 그녀를 사랑하는 팬들이 운영하는 인터넷 사이트가 있을 정도로 한 시대를 풍미한 최고의 로망스 가수임에 틀림없다.

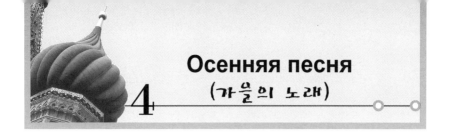

Осенняя песня
(가을의 노래)

Муз.: П. Бояджиев
Сл.: В. Сергеев
Исп.: А. Герман

В осенний сад зовут ме-ня   воспомина-ния мои,

Горит оран-жевый наряд.   И воздух свеж, и журавли курлычат в не-бе,

И кажется, что мы с тобой   не расставались   никогда

Ты словно воздух и во-да   жи вёшь со   мной, не разлуча - ясь.

Осе́нняя пе́сня

В осе́нний сад зову́т меня́ воспомина́ния мои́,
Гори́т ора́нжевый наря́д.
И во́здух свеж, и журавли́ курлы́чат в небе,
И ка́жется, что мы с тобо́й не расстава́лись никогда́,
Ты сло́вно во́здух и вода́ живёшь со мной,
не разлуча́ясь.

И что наря́д уже́ не гори́т, когда́ прихо́дит о́сень вновь,
Хочу́ войти́ в зати́хший сад.
Чтоб все мечты́ и всю любо́вь верну́ла па́мять.
И го́лос твой услы́шу вновь, слова́ как тёплые огни́
Зову́т меня́ в былы́е дни.
Мне не забы́ть тебя́, я зна́ю.

가을의 정원으로 나를 부르는 지나간 추억들.
오렌지 색 차림으로 불타오르고.
신선한 공기와 하늘에서 울고있는 백학,
우리에겐 영원히 이별은 없을 것 같았어,
서로 헤어지지 않고, 마치 공기와 물처럼,
너와 나는 함께 있을 줄 알았어.

가을이 다시 찾아왔을 때, 그 차림은 이제 불타오르지 않으니,
나는 고요해진 정원 속으로 들어가고 싶어.
추억이 모든 소망과 모든 사랑을 다시 돌려주었으면.
너의 목소리가 다시 들리는구나, 너의 말들이 따뜻한 불꽃처럼
나를 과거의 시간 속으로 부르는구나.
나는 알고 있지, 내가 널 잊지 못할 거란 것을.

осенний	가을의
звать	(불완료상) 부르다
воспоминание	회상
гореть	(불완료상) 타다
оранжевый	오렌지색의
наряд	옷차림
воздух	공기
свежий	신선한
журавль	백학
курлыкать	(불완료상) (학 등이) 소리내어 울다
небо	하늘
расставаться	(불완료상) 헤어지다
никогда не	결코 ~하지 않는다
словно	마치 ~처럼
вода	물
жить	(불완료상) 살다
разлучаться	(완료상) 이별하다
приходить	(불완료상) 오다
осень	가을
вновь	다시
хотеть	(불완료상) 원하다
войти	(완료상) 들어가다
затихший	고요해진 (затихнуть의 능동형동사 과거형)
мечта	꿈
вернуть	(완료상) 돌려주다
память	기억
голос	목소리

◌ услышать	(완료상) 들리다
◌ слова	(복수) 말
◌ тёплый	따뜻한
◌ огонь	불꽃
◌ былой	지나간
◌ день	날 (복수) дни
◌ забыть	(완료상) 잊다

- **в осенний сад зовут меня воспоминания мои** : 나의 추억이 나를 가을정원으로 부르다
- **звать кого куда** : '누구를 ~로 부르다, 초대하다'의 표현이다. звать в театр는 '극장으로 초대하다'이다.
- **воздух свеж** : 공기가 신선하다. свеж는 свежий의 단어미로 일시적인 상태를 의미한다.
- **кажется, что** : ~처럼 여겨진다.
- **мы с тобой** : 너와 나는.
- **словно воздух и вода** : 마치 공기와 물처럼.
- **не разлучаясь** : 헤어지지 않고. разлучаясь는 разлучаться동사의 부동사 현재형.
- **когда приходит осень вновь** : 가을이 다시 왔을 때. 시간부사절.
- **хочу войти** : 들어가고 싶다. хотеть+동사원형은 '~하기를 원하다'를 의미한다.
- **чтоб все мечты и всю любовь вернула память** : 추억이 모든 소망과 사랑을 되돌려주도록. 목적을 나타내는 표현.
- **голос твой услышу** : 너의 목소리가 다시 들리는구나! услышать는 слышать의 완료상 동사로 услышу는 1인칭 미래시제이다.
- **слова как тёплые огни зовут меня в былые дни** : как тёплые огни는 слова를 수식한다. 여기서도 'звать кого куда 누구를 ~로 부르다, 초대하다'의 표현이 사용되었다. в былые дни는 '지나간 옛날에'를 의미한다.
- **мне не забыть** : 나는 잊을 수 없다. 동사원형 구문은 '~할 수 없다'를 의미하며, 의미상의 주체는 여격 мне로 표현된다.

1. −ся동사에 대하여

−ся동사는 다음과 같이 의미와 기능에 따라 4 그룹으로 구분할 수 있다.

1) 재귀성 : 자신에게 돌아오는 행위 의미	Я моюсь.(나는 씻는다) Она одевается(그녀는 옷을 입는다)
2) 수동성 : 수동적인 행위 의미	Дом строится.(집이 지어지고 있다) Общество составилось. (모임이 만들어졌다)
3) 상호성 : 상호적인 행위 의미	Давайте познакомимся. (인사합시다) Мы расстались.(우리는 헤어졌다)
4) 자동성 : 자동사	Дни становятся длинее. (낮이 더 길어진다) Он явился на службу. (그는 출근하였다)

2. 목적의 표현

목적의 표현은 접속사 **чтобы**를 사용하여 나타낸다.

1) 목적절과 주절의 주어가 같을 때 : 동사원형 사용	Я поеду в Россию, чтобы изучать русский язык. (나는 러시아어를 공부하기 위하여, 러시아에 갈 것이다)

2) 목적절과 주절의 주어가 다른 경우 : 목적절의 술어를 과거로 표현	Он желает, чтобы она пришла вовремя. (그는 그녀가 제시간에 오기를 바란다) Хочу войти в затихший сад, чтобы все мечты и всю любовь вернула память. (추억이 모든 소망과 사랑을 돌려주도록, 고요해진 정원속으로 들어가고 싶다)

3. 동사 хотеть(원하다)의 사용에 대하여

хотеть 동사는 불규칙 변화를 한다 : хочу, хочешь, хочет, хотим, хотите, хотят.

이 동사 다음에는 대격, 동사원형, 목적절 등이 올 수 있다.

1) 대격과 결합	Что ты хочешь?(너는 무엇을 원하니?) Я хочу чай.(나는 차를 원한다)
2) 동사원형과 결합	Она хочет читать газету. (그녀는 신문을 읽고 싶어한다) Они хотят пойти в театр. (그들은 극장에 가기를 원한다)
3) 접속사 чтобы와 결합	Вы хотите, чтобы всё было хорошо. (모든 것이 잘되기를 당신은 원하십니다)

······ 러시아 로망스에 대하여 ······

러시아 로망스는 우리의 가곡을 떠올리면 이해하기 쉽다. 사랑과 이별, 인간의 삶, 인간의 영혼세계, 자연의 아름다움을 주제로 한 서정적인 가사와 단조의 음계로 만들어진 음악이다. 주로 클래식 음악에 사용되는 악기 반주로 가수의 목소리와 창법에 의존하는 장르이다.

러시아 로망스는 18세기 말경에 생겨나 귀족층의 예술로 사랑을 받았고, 20세기초에는 지식인층에도 알려져 큰 인기를 누리게 된다. 그러나 1917년 사회주의 혁명이후 부르조아의 노래라는 이유로 핍박을 받게 되었다. 로망스 대신 사회주의 혁명을 찬미하는 노래들이 대거 등장하게 되었다. 그러한 암흑과 고난의 시기에도 로망스의 생존을 위해 결사의 노력을 기울였던 예술가들 덕분에 지금도 로망스의 그 아름다움이 맥을 이어가고 있다.

쉬어가는 페이지

한국어 속담과 러시아어 속담 비교

1. 낫 놓고 기역자도 모른다.
   Не знать ни одной буквы.

2. 떡 줄 놈은 생각도 않는데 김치국부터 마신다.
   Хозяин ещё и не думает продавать.

3. 송충이는 솔잎을 먹어야 한다.
   Каждый должен заниматься своим делом.

4. 세월이 약이다.
   Время - лучший лекарь.

5. 닭 잡아먹고 오리발 내 놓는다.
   Украл просёнка, а сказал нагусёнка.

6. 방에 가면 더 먹을까, 부엌에 가면 더 먹을까?
   Рыба ищет, где глубже, а человек - где лучше.

7. 수염이 석자라도 먹어야 양반.
   Мельница сильна водой, а человек едой.

8. 같은 값이면 다홍치마.
   Чего уж тут выбирать, ведь цена та же.

9. 일석이조.
   Одним ударом убить двух зайцев.

10. 임도 보고 뽕도 딴다.
    Сочетать приятное с полезным.

Песенка о голубом шарике
(하늘색 풍선)

Муз.: Б. Окуджава
Сл.: Б. Окуджава
Исп.: Б. Окуджава

Де - вочка плачет: Шарик улетел.

Е - ё уте ша ют, А ша-рик ле - тит.

Де - вуш-ка пла-чет: Жениха всё нет.

Е - ё уте ша ют, А ша-рик ле - тит.

Жен - щи-на пла чет: Муж ушёл к дру-гой.

Е - ё уте - ша - ют, А ша-рик ле - тит.

Пла - чет ста - ру - ха: Ма - ло прожила(пожила).

А шарик вер - нул - ся, А он голу - бой.

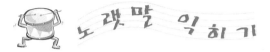

Пе́сенка о голубо́м ша́рике

Де́вочка пла́чет:
Ша́рик улете́л.
Её утеша́ют,
А ша́рик лети́т.

Де́вушка пла́чет:
Жениха́ всё нет.
Её утеша́ют,
А ша́рик лети́т.

Же́нщина пла́чет:
Муж ушёл к друго́й.
Её утеша́ют,
А ша́рик лети́т.

Пла́чет стару́ха:
Ма́ло прожила́(пожила́).
А ша́рик верну́лся,
А он голубо́й.

소녀가 울고있네.
풍선이 날아가버려서.
모두가 소녀를 위로하네.
그런데 풍선은 하늘을 날고 있다네.

아가씨가 울고있네.
사랑하는 사람이 없어서.
모두가 아가씨를 위로하네.
그런데 풍선은 하늘을 날고 있다네.

여인이 울고 있네.
남편이 다른 여자에게로 떠나서.
모두가 여인을 위로하네.
그런데 풍선은 하늘을 날고 있다네.

울고 있네, 할머니가.
살 날이 얼마 남지 않아서.
그때 풍선이 돌아왔네.
그 풍선은 하늘색이라네.

○ девочка	소녀
○ плакать	(불완료상) 울다
○ шарик	풍선
○ улететь	(완료상) 날아가다
○ утешать	(불완료상) 위로하다
○ девушка	처녀
○ жених	애인
○ женщина	여자
○ муж	남편
○ уйти	(완료상) 떠나다
○ к	(+여격) ~에게로, ~쪽으로
○ другой	다른
○ старуха	노파
○ мало	적게
○ прожить	(완료상) (~기간 동안) 살다
○ пожить	(완료상) (짧은 기간) 살다
○ а	(접속사) 그런데
○ вернуться	(완료상) 돌아가다
○ голубой	하늘색의

- **девочка плачет** : 소녀가 울고 있네. плакать동사는 인칭변화할 때 к가 ч로 자음전이된다.(плачу, плачешь:плачут)
- **шарик улетел** : 풍선이 날아가 버렸다. 완료상 동사 과거 улетел은 결과적인 의미를 갖는다.
- **её утешают** : 사람들이 그녀를 위로하네. 주어가 생략된 부정(不定) 인칭문이다.
- **жениха всё нет** : нет(~이 없다)가 들어간 구문에서는 부재 대상은 생격(жениха)으로 표현된다(부정생격).
- **муж ушёл к другой** : уйти к другой женщине는 '다른 여자에게 가버렸다'를 의미한다. 여기서 женщине는 생략됨. 완료상 동사 과거 ушёл은 결과적인 의미를 나타낸다.
- **мало прожила** : 살 날이 얼마 남지 않았다.
- **шарик вернулся** : 풍선이 돌아왔다. 완료상 동사 과거 вернулся는 행위의 완료와 결과를 의미한다.

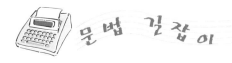

1. 부정(不定) 인칭문에 대하여

부정 인칭문은 주어가 없고, 술어는 불특정 인물에 의해 행해지는 행동을 의미한다. 부정인칭문의 술어는 현재와 미래 시제에서 3인칭 복수형이 사용되고, 과거 시제에서는 복수형이 사용된다.

B киоске продают газеты.(가판대에서 신문을 판다)
Его посылают в командировку.(그를 출장보낸다)
В нашем городе будут строить библиотеку.
(우리 도시에 도서관이 건설될 것이다)
В магазин привезли новые товары.
(상점에 새로운 상품이 들어왔다)

2. 불완료상, 완료상 동사에 대하여

1) 불완료상 동사

① '계속'의 의미
Всю неделю он играл в футбол.
일주일 내내 그는 축구를 했다.
Я после обеда долго читала.
나는 식사 후 오랫동안 책을 읽었다.

② '반복'의 의미
Они всегда занимаются спортом. 그들은 항상 운동을 한다.
Каждый день он читал газету. 그는 매일 신문을 읽었다.

2) 완료상 동사

① '완료', '결과'의 의미
Вчера он написал статью. 어제 그는 논문을 다 썼다.
Она решила вопрос. 그녀는 문제를 해결하였다.

② '일회성'의 의미

Он махну́л руко́й. 그는 손을 흔들었다.

Они толкну́ли стол. 그들은 책상을 밀었다.

3. 접속사+동작동사

по – пойти́	**при** – прийти́	**вы** – вы́йти
поéхать	приéхать	вы́ехать
полетéть	прилетéть	вы́лететь
до – дойти́	**пере** – перейти́	**у** – уйти́
доéхать	переéхать	уéхать
долетéть	перелетéть	улетéть

вы́йти – отку́да?

Са́ша и Ната́ша реши́ли пойти́ в кино́.
Они́ вы́шли и́з дома и пошли́ по у́лице.

пойти́

поéхать

вы́йти

вы́ехать

войти́ – куда́?

Са́ша вошёл в кинотеа́тр.

прийти́ – куда́?
к кому́?

Са́ша пришёл в го́сти.

уйти́ – отку́да?
от кого́?

Са́ша ушёл из госте́й
от Ната́ши.

дойти́ – доку́да?
до чего́?

Са́ша и Ната́ша бы́стро дошли́
до кино́.

······ 불라뜨 아꾸자바(Булат Окуджава) ······

음유시인으로 유명한 아꾸자바는 1956년 첫 시집 "서정시"를 발표하였고, 곧바로 자신의 시를 기타반주에 맞춰 노래하기 시작하였다. 대중 앞에서 직접 노래를 부르기 시작한 1960년 부터 "노래하는 시인"이라 불리며 대중들의 사랑과 인기를 얻게 되었다.

전쟁을 직접 겪은 세대인 그에게 전쟁은 그의 작품 세계에서 주요한 테마 중의 하나이다. 그는 전쟁의 비극과 잔인성을 슬픔이 깃든 서정적 정서로 표현하였다. 그래서 그는 "반전 시인"으로도 불린다. 그의 노래와 시는 서정적이며 낭만적 정서를 통해 일상의 평범한 삶을 표현하고, 동시에 삶의 윤리와 인간의 도덕성을 호소하고 있다.

그의 주요 작품으로는 시집 "서정시", "섬", "흥겨운 고수", "관대한 3월", "아르바뜨, 나의 아르바뜨", 중편 "학우들이여, 안녕", 장편 "불쌍한 아브로시모프" 등이 있다.

한국어 속담과 러시아어 속담 비교

1. 호미로 막을 것을 가래로 막는다.
   Стрелять из пушки по воробьям.

2. 혹 떼러 갔다가 혹 붙여 온다.
   Пошёл по шерсть, а вернулся стриженным.

3. 꿩 대신 닭
   На базрыбьи и рак рыба.

4. 나무도 쓸 만한 것이 먼저 베인다.
   Сначала выдвигают талантливых и способных.

5. 달걀로 바위치기
   Бросать в скалу куриными яйцами.

6. 개천에서 용난다.
   Из грязи среди да в князи.

7. 마른 하늘에 날벼락
   (Как) Гром среди ясного неба.

8. 말 많은 집에 장 맛이 쓰다.
   Болтовня до добра не доводит.

9. 하늘이 무너져도 솟아날 구멍이 있다.
   Из любого положения есть выход.

10. 누이 좋고 매부 좋다.
    И вам хорошо, и мне хорошо: обоим хорошо.

6 Полынь (쑥)

Муз.: А. Пахмутова
Сл.: Р. Рождественский
Исп.: Л. Сенчина

За-чем на скло-не дня Хо - ло-дный дождь по-лил?

Ты цело-вал ме - ня. А на гу-бах по-лынь. О-

пять при-хо-дишь ты, Но серд-це зря сту - чит. За-

вя - ли все цве-ты, И лишь по - лынь го р-чит. Гор-

чит по-лынь-тра - ва... Те-пе-рь-то зна-ю я: По-

лынь тво-и сло - ва! По-лынь лю-бовь тво-ю!

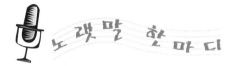

Полынь

Зачéм на склóне дня
Холóдный дождь полúл?
Ты целовáл меня.
А на губáх полынь.
Опять прихóдишь ты,
Но сéрдце зря стучúт.
Завяли все цветы,
И лишь полынь горчúт.
Горчúт полынь-травá…
Тепéрь-то знáю я:
Полынь твоú словá!
Полынь любóвь твою!

Полынь стенóй растёт.
Стоúт в полях теплынь.
Твой гóлос, бýдто мёд,
А всё равнó полынь…
От той полынь-травы.
Ох, нéту слáдости,
А от людскóй молвы.
Ох, нéту рáдости.
Полыни я нарвý, –
Себé гнéздо совью,

И на полы́нь - траву́
Полы́нь - слезу́ пролью́.

왜 해질 무렵
차가운 비가 내렸지?
당신은 내게 입 맞추었지,
당신의 입술엔 쑥이.
당신이 다시 돌아오니,
가슴이 하릴없이 두근거리네.
모든 꽃들은 다 시들었고,
다만 쑥의 쓴 맛이 남아 있을 뿐,
쑥의 쓴 맛 만이 남아있을 뿐
이제서야 나는 알았지.
쑥이 곧 당신의 말이라는 것을!
쑥이 곧 당신의 사랑이라는 것을!

쑥이 벽처럼 자라고 있네.
들판에는 따뜻한 기운이 서리고.
당신의 목소리는 마치 꿀과도 같지만,
그래도 역시 쑥을 머금고 있네.
그 쑥풀에는
오! 달콤함이 없네.
사람들의 소문에는
오! 기쁨이 없네.
나는 쑥을 모아서
내 둥지를 엮으려고 하네.
그리고 쑥 위에
쑥과 같은 쓰디쓴 눈물을 흘리려 하네.

зачем	왜
склон	경사
холодный	차가운
дождь	비
полить	(완료상) 붓다, (비가) 쏟아지다
целовать	(불완료상) 입맞추다
губа	입술
полынь	쑥
опять	다시
приходить	(불완료상) 오다
сердце	심장
зря	함부로
стучать	(불완료상) 두드리다
завянуть	(완료상) 시들다
цветы	(복수) 꽃
лишь	단지
горчить	(불완료상) 쓴 맛이 나다
полынь-трава	쑥풀
теперь-то	이제서야
слова	(복수) 말
любовь	사랑
стена	벽
расти	(불완료상) 자라다
стоять	(불완료상) 서다
поле	들판
теплынь	따뜻한 기운
голос	목소리
будто	마치 ~처럼

- мёд 꿀
- равно ~와 같다
- сладость 단맛
- людский 사람의
- молва 소문
- радость 기쁨
- нарвать (완료상) 뽑아서 모으다
- гнездо 둥지
- свить (완료상) (совью, совьёшь : совьют) 엮다
- слеза 눈물
- пролить (완료상) 흘리다

- **на склоне дня** : 해질 무렵.
- **дождь полил** : 비가 쏟아졌다.
- **на губах** : 입술에는.
- **опять приходишь ты** : 네가 다시 오는구나.
- **сердце зря стучит** : 가슴이 막 두근거린다.
- **завяли все цветы** : 모든 꽃들이 시들었다. **завяли**는 **завянули** 와 함께 **завянуть**의 과거 복수형. 동사 **завянуть**는 과거시제에서 접 미사 **-ну-**가 생략될 수도 있다.
- **полынь стеной растёт** : 쑥이 벽처럼 자라고 있다. **стеной**는 '벽 처럼'을 의미한다.
- **будто мёд** : 마치 꿀처럼.
- **всё равно** : 마찬가지로 ~같다.
- **нету сладости, нету радости** : 달콤함이 없다, 기쁨이 없다. **нету**는 **нет**와 함께 '~이 존재하지 않다'를 의미한다. 그 다음에는 부 정 생격 **сладости**, **радости**가 온다.
- **полыни я нарву** : 쑥을 따서 모을 것이다. 미래시제. 불완료상은 **нарывать**이다.
- **себе гнездо совью** : 내 자신에게 둥지를 만들어 줄 것이다. **свить** 동사는 인칭변화에서 모음 **-о-**가 들어가고, 모음 **и**는 **ь**으로 변한다.
- **полынь-слезу пролью** : 쑥 눈물을 흘릴 것이다. **полынь-слезу** 는 합성어로 '쓰디 쓴 눈물'을 의미한다.

1. -то

-то는 소사로서 다른 말에 붙어서 지시를 강조하는 기능을 한다.

📷 Это-то мне нужно. 이것이 바로 내게 필요한 것이다.

Я и видеть-то его не хочу. 그 사람은 보기도 싫다.

Об этом-то я хочу с вами поговорить.

내가 당신과 이야기하고 싶었던 것이 바로 이것에 관한 것이다.

Теперь-то я знаю. 바로 이제서야 나는 안다.

또한 의문사에 붙어서 부정(不定)의 뜻을 나타낸다.

📷 кто-то   누군가   куда-то   어디론가

что-то   무언가   почему-то 무엇때문인지

где-то   어디선가   когда-то   언젠가

как-то   어쩐지

2. лить, вить, бить, шить, пить 동사의 인칭변화

러시아어에서 일음절단어로 인칭변화할때 모음 и가 ь로 변하는 동사는 모두 5개이다. 명령형에서는 모음 е 가 나타난다.

лить(따르다)   лью, льёшь : льют   명령형: лей(те)

вить(꼬다)   вью, вьёшь : вьют   вей(те)

бить(치다)   бью, бьёшь : бьют   бей(те)

шить(꿰메다)   шью, шьёшь : шьют   шей(те)

пить(마시다)   пью, пьёшь : пьют   пей(те)

3. будто에 대하여

будто는 접속사, 부사, 소사 등의 다양한 기능을 한다.

1) (접속사) 마치 ~처럼 (=как, словно)	голос, будто мёд (꿀과 같은 목소리)
2) (부사) ~인 것 같다 (=кажется, как-)	Посмотри, будто кто-то пришёл. (봐봐, 누군가가 온 것 같아)
3) (소사) 정말일까? (=разве?, так ли?)	Ты видел её - будто? (너는 그녀를 만났니, 정말이니?)

노래에 실린 문화 이야기

······ 류드밀라 센치나(Людмила Сенчина) ······

류드밀라 센치나는 전통적인 러시아 민요의 틀을 과감히 벗고 1970년대에 가요계에 나타나 현재까지도 새로운 시도와 신곡으로 활약하고 있으며 '소비에트 시절 가요계의 신데렐라'로 일컬어지고 있다.

그녀는 1966년에 처음으로 뻬쩨르부르그에 가서 뻬쩨르부르그 림스끼-꼬르사꼬프 음악원에서 성악을 전공하였다. 이러한 인연으로 뻬쩨르부르그는 그녀의 고향과도 같은 곳이 되었고, 뻬쩨르부르그 인들도 두번 다시 태어날 수 없는 가수라며 뻬쩨르부르그의 자랑으로 생각하고 있다. 그래서 모스크바에 "알라 뿌가쵸바"가 있다면, 뻬쩨르부르그에는 "류드밀라 센치나"가 있다고 할 정도이다.

류드밀라 센치나의 목소리는 화려함이나 기교적인 면보다는 자연스럽고 청아함을 지녔다. 그녀의 노래 "신데렐라", "사랑과 이별", "쑥", "향기로운 하얀 아카시아 한아름", "들꽃" 등은 현재에도 많은 사랑을 받고 있다.

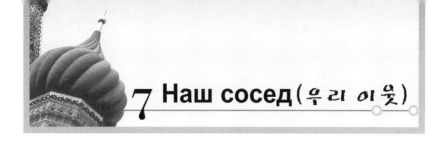

7 Наш сосед (우리 이웃)

Муз.: Б. Потемкин
Сл.: Б. Потемкин
Исп.: Э. Пьеха

не веселиться,   В нашем доме поселился

Как те-перь   Не грусить от разных бед?   Замечательный сосед.

не знали и не верили себе,   на кларнете и трубе.

Мы с соседями   что у нас сосед играет

Пап-пап,   Па-па-ра-па, пап-пап   Па-па-ра-па, пап-пап   Па-па-ра-па,пап ра ра ра ра ра

Пап-пап,   Па-па-ра-па, пап-пап   Па-па-ра-па, пап-пап   Па-па-ра-па,пап

Наш сосе́д

Как тепе́рь не весели́ться,
Не груси́ть от ра́зных бед?
В на́шем до́ме посели́лся
Замеча́тельный сосе́д.
Мы с сосе́дями не зна́ли
и не ве́рили себе́,
что у нас сосе́д игра́ет
на кларне́те и трубе́.

У други́х звони́т буди́льник.
Мне буди́льник ни к чему́.
Потому́ что доверя́ю
Я сосе́ду своему́.
Ра́но у́тром на рабо́ту
Он меня́ разбу́дит в срок:
У него́ свои́ забо́ты —
Начина́ет он уро́к.

На рабо́те день прохо́дит,
Возвраща́юсь ро́вно в пять.
Слы́шу, во дворе́ выво́дит
Он мело́дии опя́ть.
Це́лый день пенсионе́ров

Развлека́ется толпа́
Спо́рят, кто тепе́рь игра́ет –
Вновь кларне́т или труба́.

Те, кто му́зыку не лю́бят,
О́чень зля́тся, ну и пусть.
Но зато́ мы э́ти пе́сни
Заучи́ли наизу́сть.
Я всё бо́льше привыка́ю.
И пове́рьте мне, друзья́,
Никогда́ не засыпа́ю,
Е́сли не услы́шу я.

Пап - пап,
Па - па - ра - па, пап - пап
Па - па - ра - па, пап - пап
Па - па - ра - па, пап - пап
Па - па - па - па.

요즘 즐겁지도 않고,
많은 고민거리로 우울하지도 않은가요?...
우리 아파트에 새로 이사를 왔어요.
멋진 이웃남자가.
나와 이웃 사람들은 몰랐고,
믿지 못했죠.
우리 이웃 남자가 연주하는 것을요,
클라리넷과 트럼펫을.

다른 사람들 집에서는 자명종이 울리지만.

나는 자명종이 필요 없어요.
그 까닭은 믿고 있기 때문이지요.
나의 이웃 남자를.
아침 일찍 직장 가라고,
그는 나를 시간 맞춰 깨워줘요.
자기 일이 있으니까요 –
그가 레슨을 시작하지요.

직장에서 하루가 지나가고,
5시 정각에 집으로 돌아와요.
마당에 울려나오는 소리를 듣지요.
그가 다시 연주하는 멜로디를.
하루 종일 은퇴한,
많은 사람들이 즐거워하지요.
말싸움을 하네요, 누가 지금 연주를 하나 –
다시 클라리넷 아니면, 트럼펫.

음악을 사랑하지 않는 사람들은
매우 화를 내지만, 그냥 놔두는 수 밖에요.
그 대신 우리는 이 노래들을
외웠지요.
나는 점점 더 익숙해지고 있어요.
내 말을 믿어줘요, 친구들,
내가 절대 잠들지 못하는 것을,
그 음악소리가 들리지 않으면.

팝-팝,
파-파-라-파, 팝-팝
파-파-라-파, 팝-팝
파-파-라-파, 팝-팝
파-파-파-파

⊚ веселиться	(불완료상) 즐기다
⊚ грустить	(불완료상) 슬퍼하다
⊚ разный	다양한
⊚ беда	불행
⊚ дом	집, (아파트의) 동
⊚ поселиться	(완료상) 거처를 정하다, 이주하다
⊚ замечательный	훌륭한
⊚ сосед	이웃
⊚ верить	(불완료상) 믿다
⊚ играть	(불완료상) (на + 전치격) 연주하다
⊚ кларнет	클라리넷
⊚ труба	나팔
⊚ звонить	(불완료상) 전화하다, (벨이) 울리다
⊚ будильник	자명종
⊚ доверять	(불완료상) 신뢰하다
⊚ рано	일찍
⊚ работа	일
⊚ разбудить	(완료상) 깨우다
⊚ срок	기간
⊚ забота	배려
⊚ начинать	(불완료상)시작하다
⊚ урок	수업
⊚ проходить	(불완료상) 지나가다
⊚ возврашаться	(불완료상) 돌아오다
⊚ ровно	정확히
⊚ слышать	(불완료상) 듣다
⊚ двор	마당

⊙ выводить	(불완료상) 끌어내다, 음조를 내다
⊙ мелодия	멜로디
⊙ целый	전체의
⊙ пенсионер	연금 수령자
⊙ развлекаться	(불완료상) 즐거워하다
⊙ толпа	군중
⊙ спорить	(불완료상) 논쟁하다
⊙ музыка	음악
⊙ злиться	(불완료상) 화내다
⊙ пусть	(소사) ~하게 내버려두다
⊙ зато	그 대신에
⊙ песня	노래
⊙ заучить	(완료상) 암기하다
⊙ наизусть	암기하여
⊙ привыкать	(불완료상) 익숙해지다
⊙ поверить	(완료상) 믿다
⊙ друг	친구 (복수) друзья
⊙ никогда не	절대로 ~하지 않는다
⊙ засыпать	(불완료상) 잠들다
⊙ услышать	(완료상) 듣다

노랫말 표현 따라잡기

- **грустить от разных бед** : 다양한 걱정거리 때문에 우울하다. 전치사 от는 원인을 나타낸다.
- **мы с соседями не знали** : 나와 이웃들은 몰랐다. 여기서 мы는 '나'를 의미한다. '나와 아내는'은 мы с женой라고 표현한다.
- **не верили себе** : 자신의 눈과 귀를 믿지 못하였다.
- **у нас сосед играет на кларнете и трубе** : 우리 이웃이 클라리

넷과 트럼펫을 연주한다. **играть＋на**전치격은 '악기를 연주하다'를 뜻한다.

- **мне будильник ни к чему** : 자명종이 내게는 필요없다. **ни к чему**는 '~에 쓸모없다'를 의미하고, 의미상의 주체는 여격으로 나타난다.
- **доверяю соседу своему** : 내 이웃을 신뢰한다. **доверять**＋여격은 '~를 신뢰하다'를 의미한다.
- **рано утром** : 아침 일찍. 조격 **утром**은 시간의 의미를 표현한다.
- **на работу** : 직장으로
- **в срок** : 제 시간에
- **у него свои заботы** : 그에게는 자신의 일거리가 있다.
- **на работе** : 직장에서
- **день проходит** : 하루가 지나가다
- **ровно в пять** : 5시 정각에
- **во дворе** : 마당에서
- **выводит мелодии** : 멜로디를 내다
- **целый день** : 온종일
- **пенсионеров толпа** : 많은 연금 수혜자들. **толпа**는 생격 형태 (пенсионеров)와 결합한다 '많은 사람들'은 **много народу**로 표현한다.
- **те, кто музыку не любят** : 음악을 사랑하지 않는 사람들은. **те, кто~** 관계 대명사절.
- **ну и пусть** : 그대로 내버려둬라.
- **эти песни заучили наизусть** : 이 노래들을 외웠다.
- **всё больше** : 점점, 더욱 더
- **поверьте мне** : 내 말을 믿어라
- **никогда не засыпаю, если не услышу я** : 음악소리를 못 들으면, 절대 잠들지 못한다. **если** 조건문. **никогда не**는 '절대 ~하지 않는다'를 표현한다.

1. верить 동사에 대하여

1) (말, 사건의 진실성을) 믿다 : 여격과 결합	Я верю ему(его словам). (나는 그의 말을 믿는다) Он не верит слухам. (그는 소문을 믿지 않는다) Я не верю себе(своим ушам, глазам) (나는 내 자신(내 귀, 눈)을 의심한다)
2) (사물의 존재, 위력, 실현 등을) 믿다, 기대를 갖다 : в + 대격과 결합	Я верю в бога. (나는 신을 믿는다) Мать верит в своего сына. (엄마는 자기 아들에게 기대를 갖고있다)

2. играть 동사에 대하여

1) 놀다	Дети играют на дворе. (아이들이 마당에서 놀고있다)
2) 경기하다 : в + 대격과 결합	Он играет в теннис. (그는 테니스를 친다)
3) 연주하다 : на + 전치격과 결합	Она играет на рояле. (그녀는 피아노를 연주한다)
4) 공연하다, (배우가) 역을 하다	Она играет роль героини. (그녀는 주인공 역할을 한다)
5) 역할을 하다	Мы должны сыграть главную роль в процветании страны. (우리는 국가 번영을 위해 중요한 역할을 해야한다)

3. слышать와 слушать동사에 대하여

동사 **слышать**는 들으려고 의도하지 않아도 들리는 경우에 사용한다. 영어의 hear에 해당된다. 반면 동사 **слушать**는 들으려는 의도를 갖고 주의깊게 듣는 경우에 해당된다. 영어의 listen to에 해당된다. '나는 음악 듣는 것을 좋아한다'를 러시아어로 표현하려면, **слушать**동사를 사용하여, **Я люблю слушать музыку**라고 해야한다. **Я слышал этого певца**(이 가수의 노래를 들은 적이 있다)의 문장에서 **слышал**는 '의도해서 들은 것이 아니고, 그냥 우연히 듣게되었다'를 의미한다. **Если я не услышу музыку**(음악소리가 들리지 않으면)에서 **услышу**는 '의도하지 않고 흘러나오는 음악소리를 그냥 듣다'를 표현하는 것이다.

4. 전치사 от의 이유를 나타내는 표현

전치사 **от**는 일차적인 감정, 물리적인 상태나 자연현상 등이 원인이 된 경우에 사용한다.

기뻐서 웃다	смеяться от радости
슬퍼서 울다	плакать от горя
모욕감 때문에 울다	плакать от обиды
추워서 떨다	дрожать от холода
무서워서 떨다	дрожать от страха
아파서 소리치다	кричать от боли
기아로 죽다	умирать от голода
눈때문에 하얀	белый от снега
비때문에 젖은	мокрый от дождя
태양때문에 뜨거운	горячий от солнца
먼지때문에 더러워진	грязный от пыли

······ 러시아인들의 여가생활 ······

러시아인들은 여가시간에는 보통 체스나 카드 놀이 등을 하거나 산책을 한다. 추운 겨울에도 어린아이를 썰매에 태워 끌고 다니며 산책하는 모습을 종종 볼 수 있다. 러시아인들에게 있어서 **빼놓**을 수 없는 여가생활은 예술공연 관람이다. 콘서트, 연극, 오페라, 발레 등 다양한 공연 문화를 러시아인들은 낮은 가격에 즐기고 있다.

또한 러시아인들은 한국인들처럼 음주 가무를 좋아한다. 레스토랑에서 식사를 하는 도중에 테이블 사이 사이에서 러시아인들이 춤을 추는 장면을 흔히 목격할 수 있다.

최근에 러시아 젊은이들은 미국 문화를 동경하여 미국식 유행을 쫓으며 팝과 재즈 등을 즐겨듣고 나이트 클럽에서 댄스를 즐긴다.

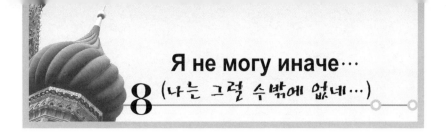

Муз.: А. Пахмутова
Сл.: Н. Добронравов
Исп.: В. Толкунова

Нет без тревог ни сна, ни дня.   Где-то жа-лей-ка пла - чет···

Ты за лю-бовь про-сти ме-ня,   Я не мо-гу и - на - че···

Ты за-болеешь-я при - ду.   Боль раз-ве-ду ру - ка - ми.

Всё я су-ме - ю, всё смо-гу,   Серд-це мо-ё не ка - мень.

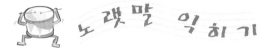

Я не могу́ ина́че···

Нет без трево́г ни сна, ни дня.
Где - то жале́йка пла́чет···
Ты за любо́вь прости́ меня́,
Я не могу́ ина́че···

Я не бою́сь оби́д и ссор,
В ре́чку оби́да ка́нет···
В не́бе любви́ тако́й просто́р, -
Се́рдце моё не ка́мень.

Ты заболе́ешь - я приду́.
Боль разведу́ рука́ми.
Всё я суме́ю, всё смогу́,
Се́рдце моё не ка́мень.

Я прилечу́ - ты мне скажи́,
Бу́рю пройду́ и пла́мень.
Лишь не прощу́ холо́дной лжи,
Се́рдце моё не ка́мень.

Ви́дишь - звезда́ в но́чи зажгла́сь,
Ше́пчет сыни́шке ска́зку···
То́лько безду́шье гу́бит нас,

Ле́чат любо́вь да ла́ска.

Я растоплю́ кусо́чки льда
Се́рдцем свои́м горя́чим.
Бу́ду люби́ть тебя́ всегда́ -
Я не могу́ ина́че ⋯

밤낮으로 불안하기만 하네.
어디에선가 피리가 울고...
너는, 나의 사랑을 용서해 줘.
나는 그럴 수밖에 없네.

나는 부끄러움과 싸움이 두렵지 않다네.
부끄러움은 작은 강물속으로 가라앉고...
사랑의 하늘에는 그런 넓은 공간이 있으니,
내 가슴은 돌이 아니니까.

네가 아프면, 나는 너에게 가서,
두 손으로 아픔을 없애줄게.
나는 모든 것을 할 수 있어, 모든 것을 할거야.
내 가슴은 돌이 아니니까.

내가 너에게 가면, 내게 말해줘.
폭풍우도 지나갈 것이라고, 불길 속도.
차가운 거짓말은 용서하지 않을 거야.
내 가슴은 돌이 아니니까.

보이지, 밤하늘의 별이 불타는 것이,

아들래미에게 옛날 이야기를 속삭이고 있는 것이...
무정은 우리를 파멸시키고,
우리를 치유하는 것은 사랑 그리고 다정함이지.

나는 얼음 조각을 녹일 거야,
나의 따뜻한 가슴으로.
그대를 영원히 사랑할거야.
나는 그럴 수밖에 없네.

Город Гороховец. Владимирская область

- без   (+생격) ~없이
- тревога   불안
- ни   ~도 하지 않다
- сон   잠, 꿈
- день   낮
- где-то   어디선가
- жалейка   (러시아 농부의) 피리
- плакать   (불완료상) (плачу, плачешь : плачут) 울다
- за   (+대격) ~에 대하여
- любовь   사랑
- простить   (완료상) 용서하다
- мочь   (불완료상) (могу, можешь : могут) ~할 수 있다
- иначе   다른 방법으로
- бояться   (불완료상) 두려워하다
- обида   모욕
- ссора   불화
- речка   강 (река의 지소형)
- кануть   (완료상) 가라앉다
- небо   하늘
- простор   열린 공간
- сердце   심장
- камень   돌
- заболеть   (완료상) 아프다
- прийти   (완료상) 도착하다
- боль   고통
- развести   (완료상) 분산시키다, 떼어놓다, 녹이다
- рука   손

⊙ суметь	(완료상) ~할 수 있다
⊙ смочь	(완료상) ~할 수 있다
⊙ прилететь	(완료상) (прилечу, прилетишь : прилетят) 날아오다
⊙ сказать	(완료상) (скажу, скажешь : скажут) 말하다
⊙ буря	폭풍우
⊙ пройти	(완료상) 지나가다
⊙ пламень	불길
⊙ лишь	단지
⊙ холодный	차가운
⊙ ложь	거짓말
⊙ видеть	(불완료상) 보다
⊙ звезда	별
⊙ ночь	밤
⊙ зажечься	(완료상) (зажгусь, зажжешься : зажгутся) 타기 시작하다
⊙ шептать	(불완료상) (шепчу, шепчешь : шепчут) 속삭이다
⊙ сынишка	아들 (сын의 지소형)
⊙ сказка	옛날 이야기
⊙ только	단지
⊙ бездушье	(=бездушие) 무정
⊙ губить	(불완료상) 죽이다
⊙ лечить	(불완료상) 치료하다
⊙ ласка	부드러움
⊙ растопить	(완료상) (растоплю, растопишь : растопят) 녹이다
⊙ кусочка	조각 (кусок의 지소형)
⊙ лёд	얼음
⊙ свой	자신의
⊙ горячий	뜨거운
⊙ всегда	항상

- **нет без тревог ни сна, ни дня** : 불안함 없는 밤도, 낮도 없네. нет …ни…ни '~도 ~도 없다'의 표현이다.
- **за любовь прости меня** : 나의 사랑을 용서해라. простить что 또는 кого за что는 '~를 ~에 대해서 용서하다'의 표현이다. '내 실수를 용서해 주십시오'는 Простите меня за ошибки 라고 러시아어로 표현한다. прости는 простить의 명령형.
- **я не могу иначе**··· : 다르게는 할 수 없다. 그럴 수밖에 없다.
- **я не боюсь обид и ссор**··· : 나는 모욕도 불화도 두렵지 않다. бояться(두려워하다)는 생격과 결합한다.
- **в речку обида канет**··· : 모욕은 강으로 가라앉다. кануть в+대격은 '~로 가라앉다'를 의미한다.
- **в небе любви такой простор** : 사랑의 하늘에는 (모욕을 강속으로 가라앉게 할 수 있는) 그런 넓은 공간이 있다.
- **ты заболеешь - я приду** : 네가 아프면, 나는 네게 갈 것이다. 조건절의 의미를 나타낸다.
- **боль разведу руками** : 아픔을 두 손으로 없애 주겠다.
- **всё я сумею, всё смогу** : 나는 모든 것을 할 수 있다. мочь/смочь는 '~할 수 있다'를 의미하고, уметь/суметь는 학습에 의해 할 수 있는 능력을 나타낸다.
- **бурю пройду и пламень** : 폭풍우와 불길을 지나갈 것이다.
- **лишь не прощу холодной лжи** : 차가운 거짓말을 용서하지 않겠다. простить(용서하다)는 대격과 결합한다. 여기서는 부정문의 목적어이므로 생격(холодной лжи)으로 표현된다. ложь는 격변화할 때 모음 о가 탈락한다(출몰모음).
- **звезда в ночи зажглась** : 밤하늘의 별이 불타기 시작했다. зажечься의 과거시제 남성형은 зажёгся, 여성형 зажглась, 중성형 зажглось, 복수형은 зажглись이다.
- **шепчет сынишке сказку**··· : 아들래미에게 옛날 이야기를 속삭인다. шептать кому что는 '~에게 ~를 속삭이다'의 표현이다.

- **Я растоплю кусочки льда сердцем своим горячим** : 나의 따뜻한 가슴으로 얼음 조각을 녹여줄께. 여기서 조격은 '수단, 방법'을 의미한다. лёд(얼음)의 격변화시 출몰모음 ё는 탈락하고 연음부호 ь이 나타난다.

1. мочь와 уметь동사에 대하여

두 동사 모두 동사원형과 결합하여 '～할 수 있다'를 의미하는데, 학습에 의한 능력을 나타낼 때는 주로 уметь동사를 사용한다.

　　🔊 Он умеет играть на скрипке. (그는 바이올린을 켤 수 있다)
　　　Я умею говорить по-английски. (나는 영어를 말할 수 있다)
　　　Можете? Могу. (할 수 있나요? 할 수 있습니다)
　　　Никак не могу. (아무리 하여도 안된다)
　　　Я не могу иначе. (그럴 수밖에 없네)

2. 자음 –л– 삽입

양순음 б, п가 들어간 동사는 1인칭 단수변화에서 자음-л-이 삽입 된다.

　　🔊 любить - люблю, любишь : любят (사랑하다)
　　　купить - куплю, купишь : купят (사다)
　　　спать - сплю, спишь : спят (자다)
　　　растопить - растоплю, растопишь : растопят (녹이다)

3. 접두사＋동사에 대하여

접두사	접두사의 의미	접두사+동사
при–	도착의 의미	прийти (걸어서 도착하다) прилететь (날아서 도착하다)
про–	통과의 의미	пройти (지나가다)
раз–	여러 방향의 의미	развести (분산시키다) растопить (녹이다)
за–	시작의 의미	зажечься (타기 시작하다) заболеть (아프기 시작하다)

노래에 실린 문화 이야기

······ 러시아의 인기 가수 ······

1940년대 : 슐리젠꼬

1950년대 : 베르네스, 끌리스따린스까야

1960년대 : 꼬브존, 마고마예프

1970년대 후반부터 : 알라 뿌가쵸바, 레온찌예프, 브라보

1990년대 : 알수, 젬피라, 따뚜

통기타 가수 : 아꾸자바, 브이소쯔끼, 갈리치, 율리 김

쉬어가는 페이지

한국어 속담과 러시아어 속담 비교

1. 백짓장도 맞들면 낫다.
   Артелью города берут.

2. 중이 제 머리 못 깎는다.
   Самому трудно решать дела в свою пользу.

3. 무당이 제 굿 못하고, 소경이 제 죽을 날 모른다.
   Чужую беду - руками разведу, а свою беду - ума
   не приложу.

4. 지성이면 감천.
   Терпение и труд всё перетрут.

5. 서투른 무당 장구만 나무란다.
   Ничего на зеркало пенять, коли рожа крива.

6. 숭어가 뛰니까 망둥이도 뛴다.
   Держать нос по ветру.

7. 입은 삐뚤어져도 말은 바로 하라.
   Не стыдись говорить, коли правду хочешь
   объявить.

8. 오는 정이 있어야 가는 정이 있다.
   Как аукнется, так и отликается.

9. 눈 가리고 아웅한다.
   Стрелянного воробья на мякине не проведёшь.

10. 침 뱉은 우물물 다시 먹을 날 있다.
    Не плюй в колодец - пригодится воды напиться.

9 Рыба-кит (고래사냥)

Муз.: Ю. Ким
Сл.: Ю. Ким
Исп.: Ю. Ким

На да-лё-ком се - вере   Бродит ры-ба - кит-кит-кит-кит

А за ней на сей-не-ре   Хо-дят ры-ба - ки.   Но

нет ки-та, но нет ки-та. Но нет ки - та, не ви - дно.   вот

бе - да, но вот беда.   Но до че-го о - би - дно - -

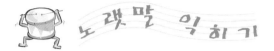

Рыба-кит

На далёком севере
Бродит рыба-кит
А за ней на сейнере
Ходят рыбаки.

Но нет кита, но нет кита.
Но нет кита, не видно.
Но вот беда, но вот беда.
Но до чего обидно!

Как-то ночкой чёрною
Вышел капитан.
И в трубу подзорную
Ищет он кита.

Но нет кита, но нет кита.
Но нет кита, не видно.
Но вот беда, но вот беда.
Но до чего обидно!

Как-то юнга Дудочкин
Бросил в море лот
И на эту удочку

Клю́нул кашало́т.

Вот и кит - но что за вид:
То́лько рёбра ви́дно.
фу, како́й - худо́й тако́й!
До чего́ оби́дно!

На далёком се́вере
Бро́дит ры́ба - кит
А за ней на се́йнере
Хо́дят рыбаки́.

Но нет кита́, но нет кита́.
Но нет кита́, не ви́дно.
Но вот беда́, но вот беда́.
Но до чего́ оби́дно!

머나먼 북쪽에
고래가 돌아다니고 있다네.
그 고래를 잡으러 작은 고깃배를 타고
어부들이 다닌다네.

그런데 고래가 없어, 없다네.
그런데 고래가 없다네, 보이지 않네.
이거 큰 일 났네, 큰 일 났어.
정말로 망신스러워라!

어느날 새까만 밤에
선장이 나갔다네.
망원경으로
고래를 찾고 있다네.

그런데 고래가 없어, 없다네.
그런데 고래가 없다네, 보이지 않네.
이거 큰 일 났네, 큰 일 났어.
정말로 망신스러워라!

언젠가 사공 두도츠낀이
바다로 측연을 던졌다네.
이 낚싯대를
고래가 건드렸다네.

고래다! 그런데 모습이 왜 이 모양이지,
갈비뼈만 보이니.
푸휴, 이렇게 말라깽일 수가!
정말로 망신스러워라!

머나먼 북쪽에
고래가 돌아다니고 있다네.
그 고래를 잡으러 작은 고깃배를 타고
어부들이 다니네.

그런데 고래가 없어, 없다네.
그런데 고래가 없다네, 보이지 않네.
이거 큰 일 났네, 큰 일 났어.
정말로 망신스러워라!

на	(+전치격) ~위에, ~에서
далёкий	먼
север	북쪽
бродить	(불완료상) 슬슬 걷다, 떠돌아 다니다
рыба-кит	고래
сейнер	작은 어선(예인망선)
ходить	(불완료상) 걸어다니다
рыбак	어부
нет	~없다
кит	고래
но	그러나
видно	보인다
вот	바로, 여기에
беда	불행
до	(+생격) ~까지
обидно	부끄럽다
как-то	어쩐지, 언젠가
ночка	밤 (**ночь**의 애칭)
чёрный	검은
выйти	(완료상) 나가다
капитан	선장
подзорная труба	망원경
искать	(불완료상) (**ищу, ищешь : ищут**) 찾다
юнга	(배안의) 사공 겸 견습 수부
бросить	(완료상) 던지다
море	바다
лот	측연

удочка	낚시도구
клюнуть	(완료상)(방언) 두드리다
кашалот	향유고래
вид	모습
только	오로지
ребро	늑골
фу	(감탄사) 실망, 불만, 비난 등을 나타냄
какой	어떤
худой	마른
такой	이런

노랫말 표현 따라잡기

- **на далёком севере** : 머나먼 북쪽에. север(북)는 전치사 на와 결합한다.
- **бродит рыба-кит** : 고래가 돌아 다닌다.
- **на сейнере** : 작은 고기잡이 배를 타고. на+전치격은 '교통수단'을 표현한다.
- **за ней ходят рыбаки** : 어부들이 고래를 잡으러 다니네. 동작동사 다음에 온 за+조격은 목적을 나타낸다.
- **но нет кита** : 그런데 고래가 없다. но는 댓구를 나타내는 접속사이다. нет(없다)는 부정생격(кита)과 결합한다.
- **не видно** : 보이지 않는다.
- **вот беда** : 바로 이것이 큰 일이다.
- **до чего обидно!** : 정말로 망신스럽구나!
- **как-то ночкой черною** : 어느 깜깜한 밤에. 여기서 как-то는 '언젠가'를 의미한다. 조격(ночкой черною)은 시간 의미를 표현한다.
- **вышел капитан** : 선장이 나갔다. 완료상 동사 과거 вышел은 완료, 결과의 의미를 나타낸다.
- **в трубу подзорную** : 망원경으로.
- **ищет он кита** : 고래를 찾고 있다.
- **бросил в море лот** : 바다 속으로 측연을 던졌다. 완료상 동사 과거 бросил은 행위의 완료, 결과를 의미한다.
- **вот и кит** : 바로 고래가 나타났다.
- **что за вид** : 모습이 뭐 이런가.
- **рёбра видно** : 갈비뼈가 보인다. рёбра는 ребро의 복수(강세가 1음절로 이동함).
- **какой-худой такой** : 얼마나 말랐는지! 감탄의 표현이다.

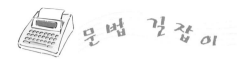

1. 전치사 на와 결합하는 명사에 대하여

전치사 в는 '~안에'라는 의미를, на는 '~위에'라는 변별적 의미를 갖는다.

> в столе(책상 안에)   на столе   (책상 위에)
> в море (바다 속에)   на море   (바다 위에)

전치사 в와 на가 '~안에', '~위에'라는 변별적 의미를 나타내지 않고, '~에서'라는 장소의 의미를 나타내기도 한다. 대부분의 명사가 전치사 в와 결합하지만, 전치사 на와만 결합하는 명사도 있다.

> на востоке(동쪽에서)
> на западе(서쪽에서)
> на севере(북쪽에서)
> на юге(남쪽에서)
> на рынке(시장에서)
> на почте(우체국에서)
> на улице(거리에서)
> на острове(섬에서)
> на концерте(음악회에서)
> на уроке(수업에서)

2. 동작동사+за조격의 표현

행위의 목적을 나타내기 위해 '동작동사+за조격'을 사용한다.

> Она шла в библиотеку за книгами.(=взять книги)
> 그녀는 책을 빌리러 도서관에 갔다.
> Он зашёл в магазин за хлебом.(=купить хлеб)
> 그는 빵을 사러 가게에 들렀다.
> Они вышли за цветами.(=купить цветы)
> 그들은 꽃을 사러 나갔다.

Рыбаки ходят за китом.(=ловить кита)

어부들은 고래를 잡으러 다닌다.

3. 교통수단의 표현

러시아어로 '~를 타고'의 표현은 на+전치격, 또는 조격으로 나타낸다.

- Как вы едете на работу? (직장에 뭐 타고 가세요?)
- Как ты едешь домой?(집에는 뭐 타고 가니?)
- (Еду) На машине.(Машиной)(자동차로 갑니다)

На метро.(지하철로 갑니다)

На такси (택시로 갑니다)

На автобусе (Автобусом) (버스로 갑니다)

그밖에 на самолёте(비행기로), на вертолёте(헬리콥터로), на поезде(기차로), на корабле(배로), на лодке(보트로), на сейнере(고기잡이 배로) 등의 교통수단을 나타내는 표현이 있다.

4. 감탄문

러시아어에서 감탄문의 표현은 관계대명사 какой, какая, какое, какие를 사용하여 나타낸다.

Какой хороший студент! (정말 훌륭한 학생이구나!)

Какая замечательная погода! (날씨가 얼마나 좋은지!)

Какое голубое небо! (하늘이 정말 파랗구나!)

Какие добрые друзья! (참으로 좋은 친구들이구나!)

5. видно(보이다)의 표현

видно는 긍정문일 때는 대격과 결합하고, 부정문일 때는 생격과 결합한다.

Его нигде не видно. (그는 어디에도 보이지 않는다)

Отсюда весь город видно.

(여기서부터 도시 전체가 보인다)

Из-за горы нашего дома не видно.

(산 때문에 우리 집이 보이지 않는다)

노래에 실린 문화 이야기

…… 율리 김(Юлий Ким)에 대하여 ……

1936년 모스크바 출생. 한국계 통기타 가수. 사범대학을 졸업한 후 교사로 재직하다가, 1968년부터 연극과 영화 대본 작가 겸 작곡가로 활동하기 시작하였다. 1956년부터 자신의 시에 곡을 쓰고, 노래를 부르기 시작하였다. 글라드꼬프, 다쉬께비치 등의 유명한 작곡가와 공동으로 많은 노래를 작곡하였다. 몇몇 작품은 미하일 로프라는 필명으로 유명하다. 그의 대표적인 노래로 "꿈", "영혼", "배", "멀리 날아가라", "고래" 등이 있다.

1. 명사의 격변화

남성명사 / 단수			
주격	заво́д	геро́й	води́тель	санато́рий
생격	заво́да	геро́я	води́теля	санато́рия
여격	заво́ду	геро́ю	води́телю	санато́рию
대격	заво́д	геро́я *	води́теля	санато́рий
조격	заво́дом	геро́ем	води́телем	санато́рием
전치격	(о) заво́де	(о) геро́е	(о) води́теле	(о)санато́рии

남성명사 / 복수			
주격	заво́ды	геро́й	води́тели	санато́рии
생격	заво́дов	геро́ев	води́телей	санато́риев
여격	заво́дам	геро́ям	води́телям	санато́риям
대격	заво́ды	геро́ев *	води́телей	санато́рии
조격	заво́дами	геро́ями	води́телями	санато́риями
전치격	(о) заво́дах	(о) геро́ях	(о) води́телях	(о)санато́риях

* 남성 활동체 명사의 대격은 생격과 같으며 이 규칙은 단수와 복수 생격에 각각 적용된다.

* * оте́ц, день 등의 남성 명사는 변화할 때 모음 -е-가 탈락하며, отца́, отцу́, дня, дню처럼 변화한다.

여성명사 / 단수			
주격	маши́на	неде́ля	ста́нция	ча́сть
생격	маши́ны	неде́ли	ста́нции	ча́сти
여격	маши́не	неде́ле	ста́нции	ча́сти
대격	маши́ну	неде́лю	ста́нцию	ча́сть
조격	маши́ной	неде́лей	ста́нцией	ча́стью
전치격	(о) маши́не	(о) неде́ле	(о) ста́нции	(о) ча́сти

여성명사 / 복수			
주격	маши́ны	неде́ли	ста́нции	ча́сти
생격	маши́н	неде́ль	ста́нций	часте́й
여격	маши́нам	неде́лям	ста́нциям	частя́м
대격	маши́ны	неде́ли	ста́нции	ча́сти
조격	маши́нами	неде́лями	ста́нциями	частя́ми
전치격	(о) маши́нах	(о) неде́лях	(о) ста́нциях	(о) частя́х

мать는 다음과 같이 특수변화한다.

	단수	복수
주격	мать	ма́тери
생격	ма́тери	матере́й
여격	ма́тери	матеря́м
대격	мать	матере́й
조격	ма́терью	матеря́ми
전치격	(о) ма́тери	(о) матеря́х

중성명사 / 단수

주격	ме́сто	мо́ре	зда́ние	вре́мя
생격	ме́ста	мо́ря	зда́ния	вре́мени
여격	ме́сту	мо́рю	зда́нию	вре́мени
대격	ме́сто	мо́ре	зда́ние	вре́мя
조격	ме́стом	мо́рем	зда́нием	вре́менем
전치격	(о) ме́сте	(о) мо́ре	(о) зда́нии	(о) вре́мени

중성명사 / 복수

주격	места́	моря́	зда́ния	времена́
생격	мест	море́й	зда́ний	времён
여격	места́м	моря́м	зда́ниям	времена́м
대격	места́	моря́	зда́ния	времена́
조격	места́ми	моря́ми	зда́ниями	времена́ми
전치격	(о) места́х	(о) моря́х	(о) зда́ниях	(о) времена́х

2. 형용사의 격변화

남성 형용사

주격	но́вый	молодо́й	хоро́ший	си́ний
생격	но́вого	молодо́го	хоро́шего	си́него
여격	но́вому	молодо́му	хоро́шему	си́нему
대격	но́вого	молодо́го	хоро́шего	си́него
	но́вый	молодо́й	хоро́ший	си́ний
조격	но́вым	молоды́м	хоро́шим	си́ним
전치격	(о) но́вом	(о) молодо́м	(о) хоро́шем	(о) си́нем

215

여성 형용사

주격	но́вая	молода́я	хоро́шая	си́няя
생격	но́вой	молодо́й	хоро́шей	си́ней
여격	но́вой	молодо́й	хоро́шей	си́ней
대격	но́вую	молоду́ю	хоро́шую	си́нюю
조격	но́вой	молодо́й	хоро́шей	си́ней
전치격	(о) но́вой	(о) молодо́й	(о) хоро́шей	(о) си́ней

중성 형용사

주격	но́вое	молодо́е	хоро́шее	си́нее
생격	но́вого	молодо́го	хоро́шего	си́него
여격	но́вому	молодо́му	хоро́шему	си́нему
대격	но́вое	молодо́е	хоро́шее	си́нее
조격	но́вым	молоды́м	хоро́шим	си́ним
전치격	(о) но́вом	(о) молодо́м	(о) хоро́шем	(о) си́нем

복수 형용사

주격	но́вые	молоды́е	хоро́шие	си́ние
생격	но́вых	молоды́х	хоро́ших	си́них
여격	но́вым	молоды́м	хоро́шим	си́ним
대격	но́вых	молоды́х	хоро́ших	си́них
	но́вые	молоды́е	хоро́шие	си́ние
조격	но́выми	молоды́ми	хоро́шими	си́ними
전치격	(о) но́вых	(о) молоды́х	(о) хоро́ших	(о) си́них

3. 의문대명사의 격변화

주격	кто	что	대격	кого́	что
생격	кого́	чего́	조격	кем	чем
여격	кому́	чему́	전치격	(о) ком	(о) чём

4. 소유대명사의 격변화

단수						
	남성	여성	중성	남성	여성	중성
주격	мой	моя́	моё	твой	твоя	твоё
생격	моего́	мое́й	моего́	твоего́	твое́й	твоего́
여격	моему́	мое́й	моему́	твоему́	твое́й	твоему́
대격	моего́ мой	мою́	моё	твоего́ твой	твою́	твоё
조격	мои́м	мое́й	моим	твои́м	твое́й	твои́м
전치격	(о)моём	(о)мое́й	(о)моём	(о)твоём	(о)твое́й	(о)твоём
주격	наш	на́ша	на́ше	ваш	ва́ша	ва́ше
생격	на́шего	на́шей	на́шего	ва́шего	ва́шму	ва́шего
여격	на́шему	на́шей	на́шему	ва́шему	ва́шей	ва́шему
대격	на́шего наш	на́шу	на́ше	ва́шего ваш	ва́шу	ва́ше
조격	на́шим	на́шей	на́шим	ва́шим	ва́шей	ва́шим
전치격	(о)на́шем	(о)на́шей	(о)на́шем	(о)ва́шем	(о)ва́шей	(о)ва́шем

복수				
조격	мой	твой	на́ши	ваши
생격	мои́х	твои́х	на́ших	ва́ших
여격	мои́м	твои́м	на́шим	ва́шим
대격	мои́х мой	твои́х твой	на́ших на́ши	ва́ших ва́ши
조격	мои́ми	твои́ми	на́шими	ва́шими
전치격	(о) мои́х	(о) твои́х	(о) на́ших	(о) ва́ших

* его́, её, их 는 불변이다.

5. 인칭대명사의 격변화

단수					
주격	я	ты	он	она́	оно́
생격	меня́	тебя́	его́(у него́)	её(у неё)	его́(у него́)
여격	мне	тебе́	ему́(к нему́)	ей(к ней)	ему́(к нему́)
대격	меня́	тебя́	его́(на него́)	её(на неё)	его́(на него́)
조격	мной	тобо́й	им(с ним)	ей(с ней)	им(с ним)
전치격	(обо) мне	(о) тебе́	(о) нём	(о) ней	(о) нём

복수			
주격	мы	вы	они́
생격	нас	вас	их(у них)
여격	нам	вам	им(к ним)
대격	нас	вас	их(на них)
조격	на́ми	ва́ми	и́ми(с ни́ми)
전치격	(о) нас	(о) вас	(о) них

6. 기타 대명사의 격변화

	단수			복수
	남성	여성	중성	
주격	э́тот	э́та	э́то	э́ти
생격	э́того	э́той	э́того	э́тих
여격	э́тому	э́той	э́тому	э́тим
대격	э́того	э́ту	э́то	э́тих
	э́тот			э́ти
조격	э́тим	э́той	э́тим	э́тими
전치격	(об) э́том	(об) э́той	(об) э́том	э́тих

단수				복수
	남성	여성	중성	
주격	тот	та	то	те
생격	того́	той	того́	тех
여격	тому́	той	тому́	тем
대격	того́	ту	то	тех
	тот			те
조격	тем	той	тем	те́ми
전치격	(о) том	(о) той	(о) том	(о) тех

단수				복수
	남성	여성	중성	
주격	весь	вся	всё	все
생격	всего́	всей	всего́	всех
여격	всему́	всей	всему́	всем
대격	всего́	всю	всё	всех
	весь			все
조격	всем	всей	всем	все́ми
전치격	(о) всём	(о) всей	(о) всём	(обо) всех

단수				복수
	남성	여성	중성	
주격	чей	чья	чьё	чьи
생격	чьего́	чьей	чьего́	чьих
여격	чьему́	чьей	чьему́	чьим
대격	чьего́	чью	чьё	чьих
	чей			чьи
조격	чьим	чьей(чье́ю)	чьим	чьи́ми
전치격	(о) чьём	(о) чьей	(о) чьём	(о) чьих

재귀대명사 себя	
주격	
생격	себя́
여격	себе́
대격	себя́
조격	собо́й
전치격	(о) себе́

7. 수사

* 기수사

1. оди́н(одна́, одно́)
2. два(две)
3. три
4. четы́ре
5. пять
6. шесть
7. семь
8. во́семь
9. де́вять
10. де́сять
11. оди́ннадцать
12. двена́дцать
13. трина́дцать
14. четы́рнадцать
15. пятна́дцать
16. шестна́дцать
17. семна́дцать
18. восемна́дцать
19. девятна́дцать

20. два́дцать
30. три́дцать
40. со́рок
50. пятьдеся́т
60. шестьдеся́т
70. се́мьдесят
80. во́семьдесят
90. девяно́сто
100. сто
200. две́сти
300. три́ста
400. четы́реста
500. пятьсо́т
600. шестьсо́т
700. семьсот
800. восемьсо́т
900. девятьсо́т
1000. ты́сяча

* 기수사

단수				복수
	남성	여성	중성	
주격	оди́н	одна	одно́	одни́
생격	одного́	одно́й	одного́	одни́х
여격	одному́	одно́й	одному́	одни́м
대격	одного́	одну́	одно́	одни́х
	оди́н			одни́
조격	одни́м	одно́й	одни́м	одни́ми
전치격	(об) одно́м	(об) одно́й	(об) одно́м	(об) одни́х

* 서수사

1. пе́рвый
2. второ́й
3. тре́тий
4. четвёртый
5. пя́тый
6. шесто́й
7. седьмо́й
8. восьмо́й
9. девя́тый
10. деся́тый
11. оди́надцатый
12. двена́дцатый
13. трина́дцатый
14. четы́рнадцатый
15. пятна́дцатый
16. шестна́дцатый

17. семна́дцатый
18. восемна́дцатый
19. девятна́дцатый
20. двадца́тый
30. тридца́тый
40. сороково́й
50. пятидеся́тый
60. шестидеся́тый
70. семидеся́тый
80. восьмидеся́тый
90. девяно́стый
100. со́тый

* 서수사의 격변화는 형용사의 격변화와 동일하다. 예외적으로 변화하는 тре́тий의 격변화는 다음과 같다.

	단수			복수
	남성	여성	중성	
주격	тре́тий	тре́тья	тре́тье	тре́тьи
생격	тре́тьего	тре́тьей	тре́тьего	тре́тьих
여격	тре́тьему	тре́тьей	тре́тьему	тре́тьим
대격	тре́тьего	тре́тью	тре́тье	тре́тьих
	тре́тий			тре́тьи
조격	тре́тьим	тре́тьей	тре́тьим	тре́тьими
전치격	(о) тре́тьем	(о) тре́тьей	(о) тре́тьем	(о) тре́тьих

8. 동사의 활용

제 1 활용형 - 부정사 чита́ть(불완료상)

현 재	과 거	미 래
я чита́ю		я бу́ду
ты чита́ешь		ты бу́дешь
он ⌉	он чита́л	он ⌉
она́ │ чита́ет	она́ чита́ла	она́ │ бу́дет чита́ть
оно́ ⌋	оно́ чита́ло	оно́ ⌋
мы чита́ем	мы ⌉	мы бу́дем
вы чита́ете	вы │ чита́ли	вы бу́дете
они́ чита́ют	они́ ⌋	они́ бу́дут

제 1 활용형 - 부정사 прочита́ть(완료상)

현 재	과 거	미 래
		я прочита́ю
		ты прочита́ешь
	он прочита́л	он ⌉
	она́ прочита́ла	она́ │ прочита́ет
	оно́ прочита́ло	оно́ ⌋
	мы ⌉	мы прочита́ем
	вы │ прочита́ли	вы прочита́ете
	они́ ⌋	они́ прочита́ют

제 2 활용형 - 부정사 стро́ить(불완료상)		
현 재	과 거	미 래
я стро́ю		я бу́ду
ты стро́ишь		ты бу́дешь
он стро́ит она́ оно́	он стро́ил она́ стро́ила оно́ стро́ило	он бу́дет стро́ить она́ оно́
мы стро́им	мы стро́или вы они́	мы бу́дем
вы стро́ите		вы бу́дете
они́ стро́ят		они́ бу́дут

제 2 활용형 - 부정사 постро́ить(완료상)		
현 재	과 거	미 래
		я постро́ю
		ты постро́ишь
	он постро́ил она́ постро́ила оно́ постро́ило	он постро́ит она́ оно́
	мы постро́или вы они́	мы постро́им
		вы постро́ите
		они́ постро́ят
명령법 Постро́й! Постро́йте!		

223